Bach in Ansbach

Hans-Joachim Schulze

Bach in Ansbach

Herausgegeben von der Bachwoche Ansbach
mit einer Einleitung von Andreas Bomba

EVANGELISCHE VERLAGSANSTALT
Leipzig

Bibliographische Information der Deutschen Nationalbibliothek
Die Deutsche Nationalbibliothek verzeichnet diese Publikation in der
Deutschen Nationalbibliographie; detaillierte bibliographische Daten
sind im Internet über http://dnb.dnb.de abrufbar.

© 2013 by Evangelische Verlagsanstalt GmbH · Leipzig
Printed in Germany · H 7658

Das Buch wurde auf alterungsbeständigem Papier gedruckt.

Gesamtgestaltung: FRUEHBEETGRAFIK, Thomas Puschmann · Leipzig
Druck und Bindung: Druckhaus Köthen GmbH & Co. KG

ISBN 978-3-374-03272-3
www.eva-leipzig.de

Inhalt

Kein Unbekannter – Bach in Ansbach

»Anspaca, piena di tanti Augusti«
Ansbach, voll von erhabenen Männern

Pommersfelden liegt in Oberfranken, unweit der alten Bischofs-stadt Bamberg. Am Rande des Dorfes erhebt sich das pracht-volle Schloß Weißenstein. Es wurde in den Jahren 1711 bis 1718 erbaut; die Pläne zeichnete Johann Dientzenhofer, einer der be-rühmtesten Baumeister des europäischen Barock. Nicht min-der bedeutend fungierte der Auftraggeber: Lothar Franz von Schönborn, Erzbischof und Kurfürst von Mainz sowie Fürstbi-schof in Bamberg.

In Schloß Weißenstein traf sich vom 27. Juli bis 3. August 1947 eine Gruppe von Menschen. Einer aus dieser verschwore-nen Gemeinschaft wird die gräfliche Familie, der das Schloß bis heute gehört und die die Räumlichkeiten zur Verfügung stellte, gekannt haben. Ein repräsentativer Prunksaal und ein prächti-ges Treppenhaus im Stile jener Zeit, als Johann Sebastian Bach lebte und komponierte, boten den angemessenen Rahmen für die geplanten Konzerte. Denn dieses Ziel hatten die Gäste: sie wollten Musik von Johann Sebastian Bach hören, Bach, nichts als Bach. Der Krieg war zu Ende, die Menschen in Deutschland und anderen Ländern trugen schwer an den Lasten von Zerstö-rung, Terror und Unmenschlichkeit. Bachs Musik, wie man sie damals verstand, wirkte therapeutisch.

Die Idee zu dieser Konzertwoche rund um den Todestag Jo-hann Sebastian Bachs hatten der Musiker und Antiquitäten-

BACHWOCHE ANSBACH
1948

händler Dr. Carl Weymar, den es aus Leipzig nach München verschlagen hatte, der Dirigent Ferdinand Leitner, vor dem Krieg in Berlin tätig und ab 1947 Generalmusikdirektor in Stuttgart, dazu der Cellist Ludwig Hoelscher, der Pianist Carl Seemann und andere Musiker. Sie spielten die Brandenburgischen Konzerte, die Kunst der Fuge, Klavier- und Kammermusik und Violinkonzerte.

Das Erlebnis muß die Gemeinschaft so stimuliert haben, daß Musiker und Hörer beschlossen, die Woche im folgenden Jahr zu wiederholen. Aber nicht hier, auf dem Land, wo man zur Not in der Scheune nächtigen und zusehen mußte, wo es etwas zu essen gab. Auch im rund 70 km von Pommersfelden entfernten, mittelfränkischen Ansbach gab es eine Residenz. In der weitgehend unzerstörten Stadt standen neben einem repräsentativen Festsaal auch zwei große Kirchen zur Verfügung sowie, perspektivisch für die Zukunft, die geräumige Orangerie im Hofgarten. Carl Weymar und seine Mitstreiter zogen um, konnten das Programm um Bachs Chor- und Orgelmusik erweitern und, der rasch steigenden Zahl von Zuhörern entsprechend, mehr Platz bieten; das galt auch für die Unterbringung der Besucher.

Auf diese Weise erblickte die Bachwoche Ansbach das Licht der Welt. Daß von einem Aufenthalt Johann Sebastian Bachs in der alten Residenz der fränkischen Hohenzollern nichts bekannt ist, störte niemanden. Es gab die Kategorie der »authentischen Bachstadt« noch nicht in dem Maße wie heute. Bach war zu Hause, wo seine Musik gespielt wurde – nämlich überall, ein Verdienst der Bachpflege, wie sie seit 1900 durch das Wirken der Neuen Bachgesellschaft von Leipzig aus betrieben worden war.

An diese Tradition suchte Carl Weymar sogleich anzuknüp-
fen. Für die Bachwoche 1948 lud er keinen geringeren als Karl
Straube nach Ansbach ein. Straube (1873-1950) hatte zu Beginn
des 20. Jahrhunderts zu den berühmtesten Organisten Europas
gehört. Er wurde 1903 als Organist an die Leipziger Thomaskirche und fünfzehn Jahre später sogar in das Amt des Thomaskantors berufen. Hier wirkte er, als elfter Nachfolger Bachs, bis
1940. Gleich nach dem Ersten Weltkrieg hatte Straube das *Kir-
chenmusikalische Institut* am Leipziger Konservatorium gegrün-
det. Es spielte bis zum Ende des Zweiten Weltkrieges für die
Bachpflege in Deutschland eine nicht hoch genug einzuschät-
zende Rolle. Zu den prominentesten und letzten Schülern
Straubes gehörte der aus dem Vogtland stammende Karl Richter, später Gründer und Leiter des Münchener Bachchores; er
sollte in den fünfziger und sechziger Jahren zur führenden Persönlichkeit der Bachwoche Ansbach aufsteigen.

Straube nahm, mit Hinweis auf seinen Gesundheitszustand
und die schlechten Verkehrsverbindungen, die Einladung Dr.
Weymars nicht an. Aber er äußerte sich zu den geplanten Vorhaben der Bachwoche, das Pathos der untergegangenen Zeit
nicht scheuend: »Das von Ihnen gewählte wunderbare Programm wird alle Anwesenden in jene zwischen Himmel und
Erde schwebende durchgeistigte Sphäre heben, die Frömmig-
keit und Lebensglück vereint und unser Leben von den Nichtig-
keiten des Irdischen befreit. Ansbach wird für die Deutschen
eine geweihte Stätte durch die Werke Johann Sebastian Bach's,
wie Richard Wagner für seine Kunst die Heimstätte in Bayreuth
gefunden hat.«

Straube sollte insofern recht behalten, als die sich vertiefen-

Idylle in Neuendettelsau: Aurèle Nicolet, Yehudi Menuhin und Karl
Richter. Interessierter Zuschauer (rechts): Dr. Carl Weymar, Gründer und
künstlerischer Leiter der Bachwoche Ansbach

de Teilung Deutschlands die Zugänglichkeit der originalen
Bachstätten im Osten erschwerte und daher die Bach-Freunde
in der Bundesrepublik nach einem »Bach-Zentrum« suchen
ließ. Die Gunst der Stunde schlug dabei für Ansbach und seine
Bachwoche. Hier hatte zum einen eine engagierte lokale Bach-
Pflege – voran durch Kirchenmusikdirektor Hermann Meyer,
der in den letzten Kriegstagen gefallen war – einen fruchtbaren
Boden bereitet. Zum anderen gab es hier weder gewichtige,
überregional wahrgenommene Traditionen noch stilistische
Präferenzen – Ansbach war frei für den Neubeginn.

Das Wort von der »Pilgerfahrt zu Bach« bürgerte sich ein.
Bach und seine Musik waren in Ansbach nun auch in Gestalt
der besten und bekanntesten Interpreten und eines kundigen,

zuhör- und zahlungswilligen Publikums angekommen. Selbstironisch bezeichneten sich die Gäste als »Bachwöchner«; bis heute grenzen sie sich gerne von den außermusikalisch-repräsentativen Begleitgeräuschen prestigeträchtiger Festivals wie jenen in Bayreuth und Salzburg ab. Eine ähnliche Haltung nahm die *Solistengemeinschaft der Bachwoche Ansbach* ein, das Festspielorchester der Bachwoche, zu dem sich – den Wagner-Festspielen ähnlich – Musiker aus ganz Deutschland zusammenfanden; das von den Vorzügen fränkischer Gastlichkeit flankierte »Trainingslager« in Neuendettelsau, einem idyllischen Ort vor den Toren Ansbachs, gehörte zu den Attraktionen für Musiker jener Jahre. Die Idee, ein Festspiel jenseits der Metropolen in beschaulicher, die Lust am Erleben von Musik und an der Begegnung mit ihren Interpreten fördernder Umgebung zu veranstalten, hatte durchaus internationale Vorbilder und Parallelen (Glyndebourne, Aix-en-Provence). Die Bachwoche und ihr Flair bereiteten schließlich der um 1980 einsetzenden Neuorientierung der deutschen Festspiellandschaft den Weg.

Daß Ansbach – neben Leipzig und Jerusalem – fast der einzige Städtename ist, der in einer Bach-Kantate genannt wird, nahm erstaunlicherweise lange niemand zur Kenntnis. Erst 1971 wurde die Kantate BWV 209 »Non sa che sia dolore« erstmals bei der Bachwoche aufgeführt. In dem Stück ist die Rede vom Abschied eines jungen Mannes, der (von Leipzig aus) in die Heimat aufbricht, eben nach Ansbach, dem Ort so vieler bedeutender Männer, »Anspaca, piena di tanti Augusti«.

Wer könnte damit gemeint sein? Zunächst fiel das Licht auf zwei Persönlichkeiten, die aus Ansbach kamen, Johann Sebastian Bach in Weimar und Leipzig begegneten, zeitweise in die

Cantata.

Sinfonia.

Recitativo.

Non sa chi sia dolore,
Chi da l'amico suo parte, e non more.
Il Fanciullin, che plora e geme
Et allor che più ei teme
Vien la madre a consolar.
Va dunque a remi del Cielo
Adempi or di Minerva il Zelo.

Aria.

Parti pur, e con dolore
Lasci a noi dolente il cuore;   Fine.
La patria goderai
A dover la servirai.
Varchi or di sponda in sponda,
Propizi vedi 'l vento e l'onda.   Da Capo.

Recitativo.

Tuo saver al Tempo e l'età contrasta
Virtu e valor sol a vincer basta
Ma chi gran ti fara più che non farti
Anspaca piena di tanti Augusti.

Aria.

Ricetti gramezza e pavento
Qual nocchier placato il vento.
Più non teme, o si scolora,
Ma contento, in su la prora
Va cantando in faccia al mar.   Da Capo.

J.S. Bach, Kantate BWV 209 »Non sa che sia dolore«. Abschrift des Textes von Hand Johann Nikolaus Forkels, um 1770/75

Markgrafschaft zurückkehrten und wichtige Rollen in Bachs Leben spielen sollten: Johann Matthias Gesner (1691–1761), Absolvent und Rektor des Ansbacher markgräflichen Gymnasiums, Hofbibliothekar in Weimar und von 1730 bis 1734 Rektor der Leipziger Thomasschule (und damit unmittelbarer Vorgesetzter Johann Sebastian Bachs!) sowie Lorenz Christoph Mizler (1711–1778), ebenfalls Absolvent des Ansbacher Gymnasiums und später Begründer und Sekretär der *Correspondirenden Societät der musicalischen Wissenschaften in Deutschland*, der seit 1747 auch Johann Sebastian Bach angehörte.

Mizlers 300. Geburtstag im Jahre 2011 sowie die von Hans-Joachim Schulze im *Bach-Jahrbuch* 2010 erneut aufgeworfene, unter Hinweisen auf weitere Verästelungen zwischen Sachsen und Franken verblüffend beantwortete Frage nach dem Widmungsträger der Kantate BWV 209 beförderten den Wunsch, die Beziehungen Bachs zu Musikern, die aus der Markgrafschaft Ansbach zu ihm kamen oder von ihm weg nach Ansbach gingen, querschnittartig zusammenzufassen. Daß hierbei weniger institutionelle Verbindungen aufgezeigt werden als vielmehr ein Netzwerk von Persönlichkeiten entstehen würde, liegt in der Natur der Sache.

Viele der hier aufgezeigten Biographien fordern auf, noch näher hinzuschauen. Als überaus erstaunlich erweist sich zum Beispiel die Mobilität von Musikern des frühen 18. Jahrhunderts, die in Hofkapellen verschiedener deutscher Territorien spielten und oft ihre Stellen wechselten, sei es durch Auflösung der Kapelle nach dem Tod eines Herrschers, durch bessere Verdienstmöglichkeiten oder durch höheres Prestige andernorts. Ein solcher Wechsel bedeutete stets, daß die Musiker ihre

Bachwoche Ansbach 1954: Orangerie im Hofgarten

Kenntnisse kumulierten, künstlerische Erfahrungen weiter-
reichten und Musik, für die an bestimmten Orten und Höfen
dortige Kapellmeister sorgten, sich überregional verbreitete.
Das von Johann Sebastian Bach angelegte, nachmals sogenann-
te *Alt-Bachische Archiv*, aus dem einzelne Stücke auch in Ansbach
musiziert wurden, ist ein prominentes Beispiel.

Daß ein Mitglied der Ansbacher Hofkapelle wie Johann Philipp Weichardt mutmaßlich bei Bachs Kantaten-Aufführungen
in Weimar mitgewirkt hatte; daß Christiane Pauline Kellner,
Primadonna am Weißenfelser Hof und Tochter eines Ansbacher Hofmusikers, bei der Aufführung der Jagd-Kantate Bachs
1713 die Sopran-Partie gesungen haben könnte; daß der Organist Johann Georg Voigt, als er sich um die Stelle an der Hofkirche St. Gumbertus in Ansbach bewarb, ein Studium bei dem

»großen Virtuosen Bachen in Leipzig« als Qualifikation herausstellte; daß der berühmte Geiger Johann Georg Pisendel, in Ansbach ausgebildeter Violinist am Dresdner Hof, 1709 in Weimar
Bach aufsuchte (und ihm später immer wieder begegnete); daß
Maximilian Nagel, Schüler Bachs und Präfekt des Thomaner-
chores, sein Leben als Mitglied der Ansbacher Hofkapelle beschloß – dies und vieles andere mehr deutet darauf hin, daß weder Bach der Name der Stadt Ansbach noch den Ansbachern
der Name Bach unbekannt gewesen sein dürfte.

Nicht zuletzt ermöglicht der Blick auf das Nachleben Bachs,
insbesondere die Frage, ob die Wiederaufführung der Matthäus-Passion 1829 in Berlin tatsächlich einen vergessenen Musiker der Musikgeschichte entriß, immer neue und immer diffe-
renziertere Antworten.

Selbst ein Vergleich mit Erscheinungen der Gegenwart ist
angebracht. Viele junge Leute zog es von ihrem Wohnort weg,
sobald sie hier keine geeigneten Ausbildungsmöglichkeiten
vorfanden. Daß auffällig viele Mittelfranken sich Leipzig als
Studienort erkoren, lag an der Attraktivität der sächsischen
Handelsstadt, von der man nicht zuletzt durch Mundpropa-
ganda erfuhr. Die Anziehungskraft bestand zunächst nicht, wie
wir heute gerne glauben, in der Musikpflege; schon Bach selbst
zählte, in seinem Brief an den Schulfreund Georg Erdmann im
Jahre 1730, als Grund, »zumahln da meine Söhne denen stu-
diis zu incliniren schienen«, kurz: die Existenz der Universität
zu seinen Beweggründen, Köthen zu verlassen und »aus einem
Capellmeister ein Cantor zu werden«. Johann Caspar Goethe,
der Vater des nachmaligen Dichterfürsten, studierte von 1731
bis 1735 in Leipzig – wie glücklich wären wir, aus seiner Feder

oder der seines Sohnes erinnerungshalber etwas über den *Director musices* und sein Wirken zu erfahren, insbesondere über die, wie wir glauben möchten, aufsehenerregende Aufführung des *Weihnachts-Oratorium* um den Jahreswechsel 1734/35 herum! Allein – es schien für Nicht-Musiker nicht wichtig genug.

Es war also die bereits 1409 gegründete Leipziger Universität, die offenbar im ganzen deutschen Reich einen hervorragenden Ruf genoß und, in Konkurrenz mit der Landesuniversität Jena (seit 1557) und der seit 1622 sich Universität nennenden, reichsstädtisch-nürnbergischen Hochschule in Altdorf, die Studenten anlockte. Was wäre geschehen, wäre Ansbach, wie von der regierenden Markgräfin Christiane Charlotte geplant, der markgräflich-bayreuthischen Universitätsgründung 1741 in Erlangen zuvorgekommen?

Historische Ansicht der Stiftskirche St. Gumbertus

Wuchern konnte Leipzig mit weiteren Pfunden wie den Kontaktmöglichkeiten in einer internationalen Messestadt, der von der theologischen Fakultät gepflegten lutherischen Orthodoxie (gegenüber dem Pietismus im benachbarten preußischen Halle), der literarischen Avantgarde rund um den frühaufklärerischen Dichter Johann Christoph Gottsched, und zusätzlich mit den üppigen, mit dem Namen des Musikdirektors Bach verbundenen musikalischen Entfaltungsmöglichkeiten. Alles zusammen ließ die jungen Leute sich für eine Ausbildung in Leipzig entscheiden. Gute berufliche Chancen boten sich danach jedoch eher in den Verwaltungen der zahlreichen deutschen Fürstentümer, so auch in der Residenz der nicht eben kleinen Markgrafschaft Brandenburg-Ansbach.

Auch davon erzählt das vorliegende Buch. Es entwirft ein beeindruckendes Panorama von Johann Sebastian Bach im Gefüge seiner Zeit, vom Leben der Studierenden und (mit Bach musizierenden) Musiker und ihren Beziehungen zueinander. Bachs Kantate »Non sa che sia dolore« lobt die Stadt Ansbach und ihre ehrwürdigen Persönlichkeiten. Den Text hatte Bach natürlich nicht selbst verfaßt; er wurde als Komponist tätig im Auftrage der Kommilitonen. Was wußte er von Ansbach, der Heimat Pisendels, Gesners und Mizlers?

Heute, so steht zu hoffen, würde er auf die seit nunmehr 65 Jahren sein Leben und Werk würdigende Bachwoche Ansbach einen wohlwollenden Blick werfen und seine Perücke ziehen vor den »tanti Augusti«, die die Stadt Ansbach in Vergangenheit, Gegenwart und Zukunft erfüllen und zieren.

Dr. Andreas Bomba, Intendant der Bachwoche Ansbach

Tour d'horizon:
Johann Sebastian Bach und der
süddeutsche Raum

Traditionsgemäß verpflichtete der Anstellungsrevers den Leipziger Thomaskantor, sich nicht ohne Erlaubnis des regierenden Herrn Bürgermeisters aus der Stadt zu begeben. Diese Vorschrift hat Johann Sebastian Bach gelegentlich eingehalten, gelegentlich aber auch nicht. Daß er des öfteren und wohl auch gern verreiste, um für kürzere oder längere Zeit dem Schulstaub, dem *pulvis scholasticus*, zu entkommen, läßt sich den vorhandenen Dokumenten entnehmen. Genaueres über Reiseziele und Vorhaben ist freilich nur in einer begrenzten Zahl von Fällen bekannt, insbesondere wenn es um Orgelbegutachtungen ging, deren Kosten »offiziell« abgerechnet wurden und so in städtischen und kirchlichen Unterlagen festgehalten sind.

Von anderen Reisen wissen wir wenig – viel zu wenig. So läßt sich auch nicht sagen, ob Johann Sebastian Bach jemals den Thüringer Wald in Richtung Süden überquert und sich ins Fränkische oder Hessische vorgewagt hat. Daß ihm das »brillanteste Glück« versagt blieb, »weil er nicht dasjenige that, welches dazu nöthig ist, nehmlich die Welt durchzustreifen«, hat der Sohn Carl Philipp Emanuel Anfang 1775 explizite wissen lassen. Gleichwohl braucht der deutsche Süden im Blick auf Beziehungen zu Johann Sebastian Bach nicht als Terra incognita zu gelten – im Gegenteil. Er lädt geradezu zu einer Rundreise ein, um Verwandte, Schüler, Geschäftspartner, Quellenbesitzer, Kollegen zu benennen. Um eine Überfrachtung zu vermeiden, müssen Komponisten wie Johann Pachelbel, Johann Kaspar Kerll, Johann Jacob Froberger, Johann Caspar Ferdinand Fischer und viele andere, deren Werke Johann Sebastian Bach besessen und/oder studiert hat, unberücksichtigt bleiben.

Das erste Ziel sei die in Unterfranken gelegene alte Reichsstadt Schweinfurt. Hier hatten bereits im Dreißigjährigen Krieg zwei Brüder von Johann Sebastians Großvater, Johann Bach (1604–1673) und Heinrich Bach (1615–1692), als Stadtmusiker beziehungsweise Organist Fuß zu fassen versucht, doch schon nach wenigen Jahren den Platz wieder räumen müssen. Mehr Erfolg hatte erst ein halbes Jahrhundert später Georg Christoph Bach (1642–1697), der ältere Bruder von Johann Sebastians Vater Johann Ambrosius Bach; aus Themar kommend, übernahm er im Sommer 1688 die Kantorenstelle an der Schweinfurter St. Johannis-Kirche. Zwei Jahre zuvor war der Versuch gescheitert, den Eisenacher Stadtorganisten und Vetter der genannten Bach-Brüder Johann Christoph Bach (1642–1703) für die anstehende Neubesetzung der Organistenstelle an St. Johannis zu gewinnen; weder der Landesherr noch der Eisenacher Stadtrat willigten in die erbetene Kündigung. Georg Christoph Bachs noch in Themar geborener Sohn Johann Valentin (1669–1720), Stadtmusiker in Schweinfurt, begründete die Schweinfurter Linie der Bach-Familie, die bis heute eine überaus zahlreiche Nachkommenschaft aufweisen kann. Johann Valentins jung verstorbene Brüder Johannes Christian (1679–1706) und Johann Georg (1683–1713) verschlug es dagegen ins Württembergische Weikersheim, wo sie freilich kaum bleibende Spuren hinterließen. Von den Söhnen des Johann Valentin wird Johann Lorenz als der ältere am Schluß unserer Betrachtung zu erwähnen sein, der jüngere Johann Elias (1705–1755) jedoch bereits an dieser Stelle: Nach einem unbeendeten Theologiestudium in Jena und zu vermutender Hauslehrertätigkeit in den Folgejahren war er im Herbst 1737 von Johann Sebastian Bach als Privatsekretär und als Erzieher der jüngeren Kinder angestellt worden, konnte so ab 1739 an der Universität Leipzig weiterstudieren und im Mai 1743 die Kantorenstelle an der Johanniskirche seiner Heimatstadt übernehmen. Seine erhalten gebliebenen Briefkonzepte aus der Leipziger Zeit stellen eine unschätzbare zeit- und familiengeschichtliche Quelle dar.

Die nächste Station Richtung Süden ist die an den Ausläufern des Odenwaldes gelegene hessische Residenz Darmstadt. Hier lebte – nach einem Studium an der Universität Straßburg – als »Fürstl. Kanzlei-Akzessist« Christoph Graupner d. J. (1715–1760), der älteste Sohn des gleichnamigen Hofkapellmeisters. Von der Hand des Juniors stammen in der Hessischen Landes- und Hochschulbibliothek aufbewahrte Abschriften von Clavierwerken, unter diesen Kopien von zwei Toccaten J. S. Bachs, einer Partita, der Chromatischen Fantasie und Fuge sowie einer Konzerttranskription nach Alessandro Marcello. Ein Nachruf rühmt den Frühverstorbenen als »unvergleichlichen und reizenden Meister auf dem Clavier«; die zu eigenem Gebrauch abgeschriebenen Bachiana wird er demnach auch spieltechnisch bewältigt haben.

Eine ähnliche Situation wie in Darmstadt liegt in Heidelberg vor. Ein jetzt in der Bibliothèque Nationale Paris befindliches Exemplar des *Dritten Theils der Clavier Übung* ist signiert *Sum ex Libris Johannis Jacobi Pflaum p: t: Organoedi ad Templum St. Petri*

Heydelberge. Die 25to Maji 1752. Johann Jacob Pflaum, geboren am 17. Januar 1724 als Sohn des Schuldieners Johann Christoph Pflaum in Mannheim-Feudenheim, hatte am 5. Dezember 1746 die Universität Heidelberg bezogen, um Theologie zu studieren; im selben Jahr übernahm er als stud. theol. die Organistenstelle an der Hauptkirche St. Petri. Als »Präceptor Gymnasii« und Organist an St. Peter starb er am 26. April 1788 in Heidelberg.

Südöstlich von Heidelberg liegt das Herrschaftsgebiet der Grafen von Hohenlohe. Deren Neuensteiner Hauptlinie war seit 1631 für nahezu drei Jahrhunderte die Obergrafschaft Gleichen mit Ohrdruf als Verwaltungssitz unterstellt. Im Gebiet der Hohenloher Ebene sind zwei in Ohrdruf geborene Neffen Johann Sebastians anzutreffen, Söhne seines ältesten Bruders, der ihn einst aufgenommen und unterrichtet hatte, nachdem beide Eltern verstorben waren. Der jüngere von beiden, Johann Andreas Bach (1713–1779), hatte nach seinem Dienst als Militärmusiker 1733 eine Beschäftigung als Tafeldecker in Langenburg gefunden, die er allerdings bereits 1738 mit der Organistenstelle an St. Trinitatis im heimatlichen Ohrdruf vertauschte. Im Unterschied hierzu blieb Johann Heinrich Bach (1707–1783), der von 1724 an die Thomasschule zu Leipzig als Alumne besucht hatte und hier vom Thomaskantor, seinem Oheim, ausgiebig mit Notenschreibarbeiten beschäftigt worden war, fast ein halbes Jahrhundert lang in der im Mai 1735 erlangten Kantorenstelle in Öhringen.

Wie in Darmstadt und Heidelberg, sind auch in Ulm Musikalien zu erwähnen. Johannes Kleinknecht (1676–1751), Vizeorganist am Münster und Leiter eines Collegium musicum, legte im

Frühjahr 1726 sowie ein Jahr später dem Rat der Stadt zwecks Kostenerstattung Listen von neuerworbenen – leider nicht auf die Nachwelt gekommenen – Musikalien vor. In diesen beiden Verzeichnissen tauchen ein Violinkonzert von »Bach« auf sowie ein *Concerto Großo* von »Bach« mit der Herkunftsbezeichnung *Lipsia*. Daß diese Notizen auf den Thomaskantor zielen, ist zumindest nicht ausgeschlossen.

Ähnliche Aktivitäten in einem Collegium musicum sind in der weiter südlich gelegenen alten Reichsstadt Memmingen zu verzeichnen. Jakob von Stählin (1709–1785), während seiner Leipziger Studienjahre (1732–1735) mit den drei ältesten Bach-Söhnen bekannt beziehungsweise befreundet und gelegentlich Mitwirkender im »Bachischen Collegium musicum«, später als Diplomat, Historiker und Akademiemitglied in Petersburg tätig, hatte »zu ehren des neuen *Praesidis*« eine Arie verfertigt und diese »nebst der *Composition* des weltberühmten Bachen« in seine Heimatstadt Memmingen geschickt, wo sie im Januar 1732 musiziert wurde.

Das Aphelium unserer Rundreise wird in Lindau am Bodensee erreicht. Ein gewisser Johann Martin Frauer (1714–1769) aus Lindau sollte auf Kosten der Stadt seine musikalischen und wissenschaftlichen Fähigkeiten weiterentwickeln. Nachdem zunächst Ulm als Ausbildungsort vorgesehen war, fiel aus unbekannten Gründen die Wahl auf Leipzig, wo Frauer sich am 27. April 1733 an der Universität einschrieb. Nach zwei Jahren stellte sich freilich heraus, daß der Unterricht »bey dem dasigen Organisten Pach« sowie das Studium an der Universität wenig Früchte getragen hatten. Frauer schützte eine langwierige Krankheit vor, mußte aber schließlich die Heimreise antreten.

Mit einiger Mühe fand er sogar eine Anstellung, jedoch nur in untergeordneter Position.

Nordöstlich von Lindau liegt die alte Reichsstadt Kaufbeuren. Ein 1751 vom Musikdirektor der Dreifaltigkeitskirche Martin Schweyer (1726–1789) angefertigter Katalog über ehemals zum Besitz der Kirche gehörende Musikalien und Musikinstrumente nennt – allerdings ohne Noten- oder Textincipits – fünf Kantaten von »Sebastian Bach«, die möglicherweise bereits vom Vater und Amtsvorgänger Matthäus Schweyer (1686–1743) angeschafft worden waren. Aus dem Besitz des Sohnes stammt ein – jetzt in Washington/D. C. befindliches – Exemplar von Johann Gottfried Walthers *Musicalischem Lexicon* (1732) mit allerlei handschriftlichen Ergänzungen, die auch Angehörige der Bach-Familie betreffen.

Nahe bei Kaufbeuren befindet sich das Benediktiner-Kloster Irsee, dessen Prior und Musikdirektor Meinrad Spieß (1683–1761) 1743 Mitglied der *Societät der musikalischen Wissenschaften* geworden war.

Briefe des Societäts-Mitbegründers Lorenz Christoph Mizler an Spieß sind aus des letzteren Nachlaß erhalten geblieben und weisen mancherlei singuläre Mitteilungen über Johann Sebastian Bach auf. Im Unterschied zu dem überaus aktiven Prior Spieß legte dessen Mitbruder, der Mathematikprofessor Ulrich (Udalricus) Weiß (1713–1763), in Hinsicht auf Mizlers Societät eine kaum zu überbietende Passivität an den Tag.

Ehemals befand sich die gehaltvolle Briefsammlung des Priors Spieß im Bayerischen Hauptstaatsarchiv in München, wird jetzt aber in dessen Dépendance in Augsburg aufbewahrt. Auf diese Weise konkurriert sie mit einer nicht kleinen Anzahl ge-

Lorenz Christoph Mizler, Brief an Meinrad Spieß, 3. Februar 1749. In Zeile 2 wird »Herrn Bachs Fuge« erwähnt, »so er vor dem König in Preußen gespielt« und in Kupfer hatte stechen lassen. Gemeint ist ein Bestandteil des Musikalischen Opfers BWV 1079.

Clavier Übung
bestehend
in einer

ARIA

mit verschiedenen Veraenderungen
vors Clavicimbal
mit 2 Manualen.

Denen Liebhabern zur Gemüths-
Ergetzung verfertiget von

Johann Sebastian Bach
Königl. Pohl. u. Churfl. Sæchfl. Hoff-
Compositeur, Capellmeister, u. Directore
Chori Musici in Leipzig.

Nürnberg in Verlegung
Balthasar Schmids.

Clavier-Übung (Teil IV: Goldberg-Variationen BWV 988). Gedruckt wohl 1741 im Nürnberger Verlag von Balthasar Schmid.

nuin Augsburger Bach-Dokumente, die erst im Laufe der letzten Jahrzehnte nach und nach ans Licht kamen und insbesondere die Ausbildung von Philipp David Kräuter (1690–1741) bei Johann Sebastian Bach in Weimar betreffen. Kräuter war mit einem Stipendium des Augsburger Scholarchats versehen worden, mußte aber dessen Weiterzahlung von Zeit zu Zeit neu beantragen und sich in diesem Zusammenhang über Fortgang und Erfolg des Unterrichts äußern. Der weitgehend erhaltene Schriftwechsel zwischen Frühjahr 1712 und Herbst 1713 ist in seiner Ausführlichkeit einzigartig. Ende 1713 konnte Kräuter die Stelle des Kantors und Musikdirektors an St. Anna in Augsburg übernehmen. Eine andere Augsburger Persönlichkeit wird in einer wohl von J. S. Bach selbst veranlaßten Annonce in den Leipziger Zeitungen von 1727 erwähnt: Es handelt sich um den Stadt- und Ratsmusiker und Kunsthändler Johann Michael Roth (1691?–1769), der den Vertrieb der zu Bachs *Clavier-Übung* Teil I gehörigen Partiten II und III mit übernommen hatte.

Wie Augsburg, gehört auch die weiter nordwestlich gelegene alte Reichsstadt Nördlingen zum bayerischen Schwaben. In Nördlingen war von 1731 bis 1750 der aus Floh bei Schmalkalden stammende Johann Caspar Simon (1701–1776) als Organist und Musikdirektor tätig. In einer für Johann Matthesons *Ehren-Pforte* (1740) bestimmten, jedoch zu spät eingesandten Autobiographie beruft Simon sich auf Anregungen durch [Johann Nikolaus] »*Bach* in Jena« sowie den »unvergleichlichen Capellmeister *Bach* in Leipzig«. In Jena hatte Simon in der Tat studiert, ein entsprechender Beleg für Leipzig fehlt. Eine Erbschaft ermöglichte Simon 1750 die Aufgabe seiner Ämter; bis zu seinem Tode lebte er als Kaufmann in Leipzig.

27

Etwa 15 km nordöstlich von Nördlingen liegt Oettingen. Hier war als Organist, Komponist und »Kleinuhrmacher« Johann Jacob Sauter tätig, 1731 Mitbewerber Johann Caspar Simons um die Organistenstelle in Nördlingen, jedoch bei der Probe jenem unterlegen. Ein Eintragung Martin Schweyers in seinem Exemplar von Walthers *Musicalischem Lexicon* besagt, daß Sauter »des *Bachs* in Leipzig Clavier Sachen fertig wegspielte«. Sauter starb im November 1741 im Alter von nur 34 Jahren.

Dem Musikzentrum Nürnberg müßte eine eigene Abhandlung gewidmet werden. Unser kursorischer Überblick erlaubt jedoch lediglich die Erwähnung einiger Namen. Genannt seien von Organisten, die Werke Johann Sebastian Bachs besaßen und wohl auch spielten, Wilhelm Hieronymus Pachelbel (1686–1764), Lorenz Sichart (1694–1771) und Leonhard Scholz (1720–1798), von Verlegern und Kupferstechern Balthasar Schmid (1705–1749), 1741 Verleger der »Goldberg-Variationen«, und Christoph Weigel d. J. († 1777), 1735 Verleger der *Clavier Übung II*, dazu als gelegentlich Mitwirkender in Bachs frühen Leipziger Aufführungen Christoph Birkmann (1703–1771) sowie wegen seiner Beteiligung am Vertrieb von Bachs Partiten der Stadt- und Ratsmusiker Gabriel Fischer († 1749).

Lahm im Itzgrund, zwischen Staffelstein und Ebern gelegen, bildet die letzte Station unserer Reise. In Lahm wirkte Johann Lorenz Bach (1695–1773) länger als ein halbes Jahrhundert als Kantor. Zuvor, wohl ab Herbst 1713, nach dem Besuch des Lyceums in Ohrdruf, weilte er »etliche Jahr bey dem Fürstlichen *Concert* Meister und *Cammer-Musicum* zu Weymar«. Als Schüler Johann Sebastian Bachs und älterer Bruder Johann Elias Bachs vermag er ungeachtet seiner eher bescheidenen Wirkungsstätte einen bemerkenswerten Schlußpunkt zu setzen und kraft seiner Herkunft aus Schweinfurt die Verbindung zur Ausgangssituation herzustellen.

Der Gang durch den süddeutschen Raum auf der Suche nach Spuren Johann Sebastian Bachs und seiner Werke hat Ansbach gleichsam in die Mitte genommen. Im folgenden sollen zehn Einzelstudien sich Persönlichkeiten widmen, die in engerem Sinne die Verbindung zwischen Bach und Ansbach herstellen.

Musikrätsel I:
Der Riccio-Wettlauf

Als Kombination von höchstmöglicher satztechnischer Verdichtung und vertrackter Denksportaufgabe erfreut der Rätselkanon sich über die Jahrhunderte der Wertschätzung durch Kenner und Liebhaber. Komponisten, die um ein einfaches Autogramm oder die Einzeichnung in ein Stammbuch gebeten werden, haben die Wahl zwischen dem Verzicht auf eine Notenbeigabe, der Flucht in ein bloßes Themenzitat oder eben dem Griff zu der anspruchsvolleren Möglichkeit eines Musikrätsels, insbesondere in Kanonform, und dies ungeachtet der hier naheliegenden Qualitätsskala zwischen Gelegenheitsprodukt und Vorzeigekunst.

Unter den wenigen erhaltenen Widmungskanons Johann Sebastian Bachs finden sich zwei, die der Komponist selbst als so gelungen und vorzeigbar angesehen hat, daß er sie durch Kupferstich vervielfältigen ließ. Der Nachwelt bestens bekannt ist das spätere Kanonblatt, das der Leipziger Maler Elias Gottlob Haußmann in sein 1746 gefertigtes Bach-Porträt einbezogen hat. Eine Kopie dieses Bildnisses befand sich 1791 im Landhaus des Berliner Hofkapellmeisters Johann Friedrich Reichardt (1752–1814) in Giebichenstein bei Halle, der nachmals so genannten Herberge der Romantik. Ein Besucher, der in jenem Jahr Reichardts »Museum« besichtigte und hier die Porträts von Christoph Willibald Gluck und Johann Sebastian Bach vergleichen konnte, war beeindruckt von der »äußerst bedeutenden

Verschiedenheit in der Darstellung dieser beiden Männer«.
Während Gluck, ersichtlich Repräsentant eines neuen Zeital-
ters, im Schlafrock am Flügel spielend gezeigt war, »den Kopf
genialisch fein gehoben«, »im ganzen Gesichte den schönsten
wärmsten Kunstgenuß«, erschien »J. S. Bach's Bild nach dem
Leben gemahlt« geradezu als Kontrastprogramm zu jenem:
»Bach, der große Grammatiker und Contrapunktist, steht da
mit voller Wange, runzlicher Stirne, breiten Schultern in stattli-
cher Bürgerkleidung, und hält ein musikalisches Kunststück einen *canon triplex a. 6. V.* in der Hand, den er uns zum Auflösen
vorhält.« Von diesem »Kunststück« wird im Kapitel über Lorenz
Christoph Mizler nochmals die Rede sein.

Den früheren der beiden erwähnten Kanons dedizierte Bach
dem Hamburger Rechtsgelehrten, Literaten und Musikliebha-
ber Ludwig Friedrich Hudemann (1703–1770), der in der ersten
Jahreshälfte 1727 für einige Monate die Universität Leipzig bezogen hatte und der noch fünf Jahre später in seinen *Proben einiger Gedichte und Poetischen Übersetzungen* ein Huldigungsgedicht
auf den »vollkommnen Bach« vorlegte. Ein Druckexemplar mit
Bachs *Canon aenigmaticus* samt beigedruckter Widmung lande-
te bereits am 18. August 1727 im »melopoetischen Collegium«
des Hamburger Musiktheoretikers Johann Mattheson, und dieser trug seinen Zuhörern sogleich die Suche nach der Lösung
des Rätsels auf. Zwölf Jahre später nahm er das Resultat der damaligen Bemühungen in seinen *Vollkommenen Capellmeister* auf,
klagte jedoch, er habe »niemahls mehr Zeit und Mühe daran
gewandt, als zu obiger blossen Abschrift gehöret« und wollte
sich nicht dafür verbürgen, daß es die Auflöser richtig getroffen
hätten; der »Herr Verfasser« (Bach) möge es ihm (Mattheson)

»nicht beimessen, wenn etwa sein Sinn nicht errathen wäre; wovor mir sehr grauet.«

Als relativ frühe Reaktion auf den Versand des »Hudemann-Kanons« erweist sich die Aufnahme des Notentextes (ohne die Dedikation) in das von Georg Philipp Telemann besorgte Sammelwerk *Der getreue Music-Meister* (Hamburg 1728). Auf Telemanns Wiederabdruck fußte die Lösung, die Bachs Vetter, der Weimarer Stadtorganist und Musiktheoretiker Johann Gottfried Walther (1684–1748), am 3. August 1735 seinem Brieffreund Heinrich Bokemeyer (1679–1751) in Wolfenbüttel zukommen ließ. Beiläufig bemerkte Walther, daß er mit seiner Lösung auch den Jenaer Universitätsprofessor Johann Jacob Syrbius (1674–1738) beeindruckt habe und von diesem um eine schriftliche Anweisung für die anzuwendende Methode gebeten worden sei. Am 24. Januar 1738 sandte Walther die »*Resolution* des ehemals überschickten Bachischen *Canonis*« in authentischer Gestalt nach Wolfenbüttel, nämlich »des Herrn *Auctoris* eigene Hand«, die er von diesem »auf Verlangen« erhalten habe. 1747 schließlich, also zwei Jahrzehnte nach der Entstehung des Kanons, präsentierte die *Musikalische Bibliothek* Lorenz Christoph Mizlers nochmals eine Lösung des Rätsels nebst weitläufiger Darlegung der Verfahrensweise. Mizlers Text gehört zu einer eingehenden Besprechung von Matthesons *Vollkommenem Capellmeister* und rechtfertigt die Ausführlichkeit mit dem zu erhoffenden »Nutzen der Lehrbegierigen«, auch wenn es »Herr Mattheson davor gegrauet hat«.

Die Mitwelt mit musikalischen Rätseln zu behelligen, war eine keineswegs einseitig zu handhabende Vorgehensweise, und so wurden auch Johann Sebastian Bach hin und wieder einschlägige Niederschriften mit der Bitte um Entschlüsselung vorgelegt. Sein Schweinfurter Vetter Johann Elias Bach (1705–1755), der seit Herbst 1737 zur Fortsetzung des Theologiestudiums in Leipzig weilte und als Privatsekretär Johann Sebastians sowie als Hauslehrer von dessen jüngeren Kindern fungierte, schrieb am 28. Januar 1741 an den befreundeten Kantor Johann Wilhelm Koch im thüringischen Ronneburg, er solle vom Thomaskantor »ein ergebenstes *compliment* machen, und zugleich die *communic*irten *canones* mit allem Danck *remitt*iren, es soll nach seiner Außage keine Hexerey darbey seyn, und hat er zu den großen eine Anmerkung geschrieben«. Die hier erwähnten »canones« sind leider nicht erhalten; eine andere Bachsche Auflösung, offenkundig ebenfalls ohne »Hexerey« entstanden, liegt hingegen noch vor, hat unmittelbar mit Ansbach zu tun und reicht mit ihren Wurzeln bis in das 16. Jahrhundert zurück.

Zu danken ist die Kenntnis dieses Zusammenhangs dem Bewahren einer Stammbuchsammlung im Staatsarchiv Oldenburg und deren Untersuchung und Beschreibung durch Harald Schieckel. Speziell geht es um ein ehemals im Besitz von Christoph Schel(l)ham(m)er befindliches Stammbuch, dessen erhaltene Reste einen Zeitraum von sechs Jahren umspannen und von einer ausgedehnten Reise zeugen, über deren Zustandekommen, Ziel und insbesondere Finanzierung jedoch nichts Näheres bekannt ist. Christoph Schellhammer gehört zu einer Familie von Theologen und anderen Gelehrten, die hauptsächlich in Hamburg tätig war, ursprünglich jedoch aus Thüringen stammt. Der älteste derzeit bekannte Vertreter ist Vitus Schellhammer, der vier Jahrzehnte lang als Pastor in Weira bei Pößneck wirkte. Hier wurde am 27. Juli 1540 der Sohn Johann geboren, der nach dem Besuch der Universität Jena (ab Juni 1556) in einigen Schulämtern tätig war, danach verschiedene geistliche Stellen bekleidete und ab 1590 für drei Jahrzehnte Pastor an der Hamburger Petrikirche war; er starb am letzten Tage des Jahres 1620. Von 1570 bis 1577 hatte er als Hofprediger der verwitweten Braunschweig-Lüneburgischen Herzogin Clara in Fallersleben (heute zu Wolfsburg gehörig) gewirkt und in dieser Zeit Anna von Wellendorf geehelicht. In Fallersleben kam am 12. Mai 1575 Christoph Schellhammer, nachmals Besitzer des erwähnten Stammbuchs, zur Welt. Dessen spätere Tätigkeit würdigt Johann Mattheson in seiner 1740 in Hamburg erschienenen *Grundlage einer* [musikalischen] *Ehren-Pforte* im Artikel über Hieronymus Prätorius (Schultz):

»Christophor Schelhamer, gekrönter Poet, damaliger Vorsänger zu St. Jacob und College an der Johannis-Schule, ein guter Musikus und geschickter Mann, dessen man auch sonst nirgends mehr gedenckt, soll hier an unsrer Ehrenpforte seines Nahmens Gedächtniß gestifftet finden, weil er dem braven Organisten [Schultz], dessen Lebens-Lauff wir beschrieben haben, folgende Grabschrifften gestellet hat...«. »Diesem Schelhamer ist hernach gleiche Ehre im Tode wiederfahren von *M.* Johann Adolph Fabricius, damahligem Predigern an der Jacobs-Kirche.«

Nach dem von Mattheson zitierten Schlußvermerk zu Fabricius' lateinischem Lobgedicht auf Schellhammer starb dieser am 23. November 1637 im Alter von 63 Jahren, nachdem er dem Chor 36 Jahre treu gedient hatte.

Schellhammers Reisetätigkeit, soweit sie sich anhand seines Stammbuchs nachvollziehen läßt, nimmt – übereinstimmend mit der Mitteilung über das nachfolgende 36jährige Wirken in Hamburg – die Jahre 1596 bis 1601 ein. Nach dem wohl in Jena anzusiedelnden Reisebeginn folgten Wittenberg (23. Juni 1596), möglicherweise Halle und Naumburg, sodann Schulpforta, vielleicht auch Weimar und Erfurt, anschließend Gotha – Suhl – Schleusingen – Coburg – Nürnberg – Altdorf und Schwabach. Heilsbronn berührte Schellhammer am 26. April 1597, einen Tag später war Ansbach an der Reihe, die beiden folgenden Tage gehörten Rothenburg ob der Tauber. Über Speyer – Diedelsheim – Stuttgart – Bebenhausen – Tübingen – Freiburg im Breisgau ging es nach Basel und Schaffhausen. Die nächsten Stationen waren Ulm – Lauingen – Neuburg/Donau – Prag – Wien und das mährische Znaim. Wieder nach Norden ging es zunächst wohl nach Meißen, dann wieder nach Wittenberg, über Frankfurt/ Oder nochmals nach Wittenberg, und zuletzt Richtung Halberstadt – Magdeburg – Hamburg – Kiel – Schleswig – Flensburg – Hadersleben und Meldorf (24. September 1601).

Von Schellhammers Visite in Ansbach zeugt ein Stammbucheintrag des dortigen Hofkapellmeisters Teodoro Riccio. Riccio, möglicherweise um 1540 in Brescia geboren, war nach einer vermutlich bewegten Laufbahn, über die exakte Nachweise jedoch derzeit noch fehlen, 1575 in die Dienste des Markgrafen Georg Friedrich von Brandenburg-Ansbach-Kulmbach (1539–1603) getreten. Letzterer wurde zwei Jahre später vom polnischen König zum Administrator (Vormund) seines Vetters, des als »schwermütig« bezeichneten preußischen Herzogs Albrecht Friedrich (1553–1618), bestimmt, reiste zur Wahrnehmung dieser Aufgabe nach Königsberg und nahm auch seine Hofkapelle mit nach Ostpreußen. Während des bis zum Frühjahr 1586 dauernden

Aufenthalts in Königsberg wird Riccio 1580 als Vizekapellmeister an der Seite des befreundeten Johann Eccard erwähnt. Am 30. Juli 1585 erhielt er die Ernennung zum Kapellmeister auf Lebenszeit, könnte in zeitlicher Nähe zu diesem Avancement auch zum Protestantismus konvertiert sein. Parallel zu Riccios Lebensgang sind Drucksammlungen mit geistlichen und weltlichen Kompositionen erschienen. Verlegt wurden sie 1576 und 1577 in Nürnberg sowie 1579 und 1580 in Königsberg. Vorangegangen war 1567 Venedig, wo Riccio auch nach seiner Rückkehr nach Ansbach nochmals (1589 und 1590) Publikationen vorlegte. Riccio läßt sich mittels eines Taufeintrags noch am 21. Februar 1599 in Ansbach nachweisen, doch ist er möglicherweise schon im selben Jahr (oder allenfalls 1600) hier verstorben. In Ermangelung eines so weit zurückreichenden Kirchenbuchs ist die Angabe eines exakten Datums zwar nicht möglich, doch die sogenannten Ansbacher Wochengeldregister liefern insofern einen Anhaltspunkt, als sie Zahlungsbelege für den Kapellmeister »Theodorus Riccius« nur im Zeitraum 1593 bis 1599 verbuchen; die Eintragungen für die Jahre 1600 und 1601 wurden gestrichen.

Riccios 1597 datierter Stammbucheintrag für Christoph Schellhammer fällt mithin in die letzte Lebenszeit des Ansbacher Kapellmeisters.

Der mit zwei unterschiedlichen Schlüsseln notierten (Rätsel-)Kanonstimme fügte Riccio den Hinweis auf die erforderliche Beantwortung im Intervall der Quinte bei (*Canon in diapente remissum*) sowie den etwas eigenwillig geschriebenen Kommentar *Duo Currebant Simul. Et unus citius cucurrit, et alter accepit premium* (Zwei liefen gleichzeitig. Der eine lief schneller, der andere gewann den Preis). Alles Weitere teilt die Unterschrift mit: *Hæc scribebat Theodorus Riccius Illustrissimi ac Eccell[entissi] mi principis D[omi]ni D[omini] Georgij Friderici Marchianis Brandeburgensis Prussiæ, Silesiæ etc. Ducis. chori Musici Mag[iste]r Onoldi 27 Aprilis 1597.*

Zu Gesicht bekommen haben wird Johann Sebastian Bach diese weit zurückliegende Ansbacher Eintragung durch Vermittlung des Leipziger Universitätsprofessors Friedrich Menz, in dessen Besitz Schellhammers Stammbuch auf noch unbekanntem Wege gelangt sein muß. Menz stammte aus dem heute zu Dortmund gehörenden westfälischen Lütgendortmund (* 7. November 1673). Seine Mutter war eine geborene Scheibler, die Enkelin des in Dortmund verstorbenen Theologen Christoph Scheibler (1589–1653), dessen *Aurifodina* (wohl in der Leipziger Neuausgabe von 1727) zu Bachs theologischer Bibliothek gehörte und bemerkenswerterweise noch 1742 im Leipziger Buchhandel angeboten wurde. Menz war 1697 zum Studium nach Leipzig gekommen und hatte auf der Karriereleiter 1725 eine ordentliche Professur der Weltweisheit erreicht, der 1730 eine solche für Poesie und 1739 eine weitere der Naturlehre folgten. Nach zeitgenössischem Urteil liebte er »nichts so sehr, als die stille Einsamkeit und ein von aller Eitelkeit entferntes Leben, um mit desto besserer Muße die ihm so beliebten Studien abwarten zu können. Wie er denn aus gleicher Absicht bißher immer vor besser gehalten, einen Rang unter denen unverehlichten Gelehrten zu haben, als sich zu verheyrathen.« Hierzu passend hatte er schon 1716 eine lateinische Abhandlung vorgelegt, in der er Sokrates als Negativbild eines Familienmenschen schilderte. Menz starb am 19. September 1749. in Leipzig.

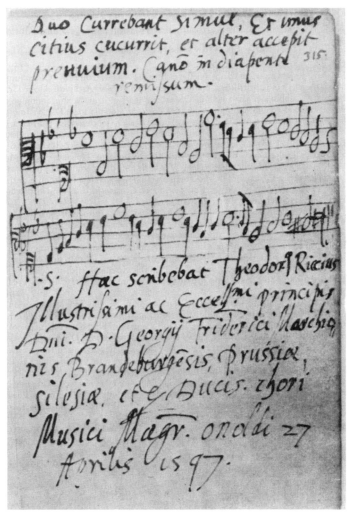

Teodoro Riccio, Widmungskanon für Christoph Schellhammer,
Ansbach 27.4.1597

Wann er Gelegenheit gefunden hatte, dem Thomaskantor den Rätselkanon zur Auflösung vorzulegen, ist schwer zu beurteilen. Die Kanonstimmen – originale Notierung nebst quintversetzter Vergrößerung in doppelten Notenwerten – verlangen nur wenige unterschiedliche Schriftzeichen, so daß lediglich ein begrenztes Beobachtungsmaterial zur chronologischen Bestimmung zur Verfügung steht. Gleichwohl dürfte die Auflösung – übereinstimmend mit den angedeuteten biographischen Zusammenhängen – in Bachs Leipziger Zeit gehören, und dies ungeachtet der zierlichen Schriftformen, die teilweise an Bachs Weimarer und Köthener Jahre vor 1723 erinnern. Hervorzuheben an Bachs Niederschrift ist die Betitelu ng *Resolutio Canonis Ricciani per J. S. Bachium*, die gleichsam ein Urheberrecht an der Entschlüsselung geltend macht. Im übrigen

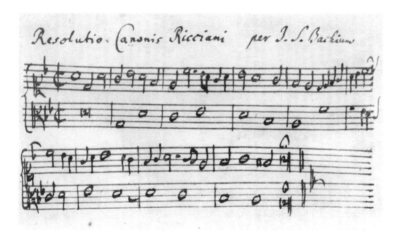

J.S. Bach: Auflösung des Rätselkanons von Teodoro Riccio.

muß der Name des Ansbacher Kapellmeisters den Thomaskantor daran erinnert haben, daß in der tagtäglich von den Thomanern benutzten Motettensammlung *Florilegium Portense* in Teil II (1621) auch eine Komposition Riccios enthalten war, ein achtstimmiges *De profundis* (Psalm 130)

Vorläufer:
Georg Künstel

Als singulär in der Musikgeschichte gilt jene generationenüber-
greifende Sammlung von Musikalien, die 1790 in Hamburg aus
dem Nachlaß Carl Philipp Emanuel Bachs zum Kauf angeboten wurde und bezeichnet war als »Alt-Bachisches Archiv, bestehend In folgenden Singstücken, Chören und Motetten von
Johann Christoph Bach, Organisten in Eisenach bis 1703, Johann Michael Bach, Joh. Christophs Bruder und Joh. Sebastians Schwiegervater, Organist im Amte Gehren, Georg Christoph
Bach, Cantor in Schweinfurt, 1689, und andern; in verschiedenen Stimmen vortrefflich gearbeitet«. Die unter diesem Rubrum
zusammengefaßten zwanzig Kompositionen gelangten zu Beginn des 19. Jahrhunderts in die Bibliothek der Sing-Akademie
zu Berlin, wurden auch relativ früh für eine Edition genutzt, waren danach aber für lange Zeit nicht auffindbar und nach ihrer
Wiederentdeckung (vor 1914) nur eingeschränkt nutzbar. 1935
wurden sie endlich in zwei Notenbänden der Serie *Reichsdenk-
male* neu publiziert. Ihre handschriftlichen Quellen gerieten
infolge der kriegsbedingten Verlagerung der Bibliothek in das
schlesische Ullersdorf erneut außer Sicht und waren danach,
zumindest für die traditionelle Musikforschung der westlichen
Länder, bis zum Ende des 20. Jahrhunderts praktisch nicht mehr
erreichbar. Für Untersuchungen konnten lediglich glücklicherweise erhalten gebliebene Ablichtungen herangezogen werden,
doch stehen seit der im Dezember 2001 erfolgten Rückkehr der

Trigæ Fratrum Germanorum
BACHIORUM
nempè
CONCORDIA

florens   firma

suavis

È Psalmo CXXXIII demonstrata et musicè
exornata

2 Tenor: Violino
Basso.   et   3 Violdigamb:
continuò
à
fratrum natu maximo
Georgio Christophoro Bachio. Svvinfurt. Cant:
Anno M.DC.LXXXIX d. 6. Septembris,
cùm illo ipso die Dei gratiâ im=
plevisset annos 47.

ehedem verlagerten älteren Sing-Akademie-Bibliotheksbestände aus ihrem letzten Aufbewahrungsort Kiew (Ukraine) nach Berlin auch die Originale der Wissenschaft zur Verfügung.

Quellenkundliche und biographische Forschungen (Peter Wollny, 1998 und 2002) konnten in neuerer Zeit zeigen, daß es sich bei jener Werksammlung großenteils um Kasualien handelt, Kompositionen, die mit bestimmten Anlässen und Aufträgen verbunden waren. Ein familiengeschichtliches Unikat stellt die Motette »Lieber Herr Gott, wecke uns auf« dar, deren Quellen vier Bach-Generationen repräsentieren. Autor ist der »große und ausdrückende Componist« Johann Christoph Bach (1642–1703). Entstanden ist die Motette im Dezember 1672 in Eisenach, die ältesten erhaltenen Aufführungsstimmen kopierte der Vater des Komponisten, der Arnstädter Organist Heinrich Bach (1615–1692), ergänzende Instrumentalstimmen ließ Johann Sebastian Bach in Leipzig kurz vor 1750 anfertigen, versah diese auch mit mancherlei eigenhändigen Eintragungen in seiner charakteristischen Spätschrift, und weitere Zusätze stammen von der Hand Carl Philipp Emanuel Bachs, der in vorgerückten Jahren einige der »aus grauer Vorzeit« stammenden Werke in Hamburg aufführte.

Im Unterschied zu der hier angedeuteten Überlieferung in Leipzig und Hamburg ist das Zusammentragen der Sammlung offenbar in Thüringen anzusiedeln. Initiator war möglicherweise der Arnstädter Organist Johann Ernst Bach (1683-1739), Johann Sebastians Vetter und 1708 dessen Amtsnachfolger an der

◄ Georg Christoph Bach, Geburtstagskantate (Psalm 133), Schweinfurt, 6. September 1689

Orgel der Neuen Kirche. Dieser könnte zunächst einige Erbstücke aus dem Besitz seines Vaters, des Arnstädter Stadtmusikers Johann Christoph Bach (1645–1693), der ein Zwillingsbruder von Johann Sebastians Vater Johann Ambrosius Bach war, übernommen haben. Später hätte er diesen Grundstock vergrößert und dafür einen vermutlich größeren Fundus älterer und neuerer Musikalien genutzt, die ursprünglich wohl zum Arnstädter Repertoire gehörten, aus bisher unbekannten Gründen aber vielleicht verkauft, verschenkt oder sogar makuliert werden sollten. Johann Ernst Bach müßte demnach gezielt nach Werken gesucht haben, die den Namen Bach trugen oder zu tragen schienen. Ob er auf Vollständigkeit ausging, oder sich mit Zufallsfunden begnügte, muß offenbleiben. Seine »archivische Sammlung« könnte durch die Witwe Magdalene Christiane Bach geb. Schober (um 1706–1785) nach Leipzig zu Johann Sebastian Bach gegeben worden sein, da absehbar war, daß ab 1739 in Arnstadt kein Kantor oder Organist namens Bach mehr tätig sein würde.

Sollte die Sammlung tatsächlich wie angedeutet zustande gekommen sein, könnten Ansprüche an den Werkbestand nur in eingeschränktem Maße erhoben werden. Gleichwohl hat es den Anschein, als läge aus dem Œuvre des »großen und ausdrückenden Componisten« Johann Christoph Bach eine halbwegs repräsentativ zu nennende Auswahl vor. Etwas enttäuschend ist hingegen der Befund bei Johann Sebastians Schwiegervater Johann Michael Bach: Einer einzigen achtstimmigen Komposition stehen drei fünfstimmige Werke sowie zwei Solostücke mit Instrumenten gegenüber. Großbesetztes fehlt demnach fast völlig, findet sich eigentümlicherweise jedoch in Ansbach.

Dort war nach dem Tod des Markgrafen Johann Friedrich (* 8. 10. 1654, † 22. 3. 1686) eine umfassende Aufnahme des Nachlasses erfolgt und als »Hochfürstl. Brandenburgisch Onolzbachisches Inventarium De Anno 1686« schriftlich fixiert worden. Hierzu gehörte auch eine genaue Verzeichnung der »Zur Hochfürstl. Bibliothec« gehörigen »Geschriebenen Musicalia«, einschließlich einiger von Kapellmitgliedern hinterlassener Sonderbestände. Notiert wurde aus dem ursprünglichen Repertoire der Hofkapelle auch folgendes:

Musicalia von *Joh: Mich: Bachen.*

Der Herr ist König. *â 12. 7. Strom. 5. Voc. ex C dur.*
Lobet Ihr Knechte deß Herrn. *â 12. 6. Strom. 6. Voc. ex D #.*
Ich freue mich deß. *â 15. 10. Strom. 5. Voc. ex C dur.*
nur in *Partitura.*
Es erhub sich ein Streit. *â 22. 12. Strom. 10. Voc. ex C dur.*
ebenfalls nur in *Partitura.*
Miserere â 15. 9. Strom. 6 Voc. ex C #.
Conditor coeli. â 8. 5. Strom. 3. Voc. ex C #.
Welche Ich lieb habe. *â 10. 5. Strom. 5. Voc. ex F.*
Siehe, lobe den Herrn. *â 12. 7. Strom. 5. Voc. ex B.*
Was wiltu meine Seele. *â 6. 5. Strom. et Canto ex H.*
Omnipotens Deus. â 12. 7. Strom. 5. Voc. ex E.
Pater noster. â 12. 7 Str. 5. Voc. ex A.
Meine Sünd betrüben mich. *â 4. Strom. 4. Voc.*

Die unverkennbare Diskrepanz zwischen dem Ansbacher höfischen Bestand mit seinem Überwiegen von Besetzungen mit 8 bis zu 22 Stimmen sowie der offenbar dem Organisten einer städtischen Kirche in Arnstadt zuzuordnenden Sammlung von hauptsächlich geringstimmigen Werken verlangt nach einer Erklärung. In diesem Zusammenhang richtet sich der Blick auf den Ansbacher Hoforganisten und späteren Coburger Hofkapellmeister Georg Künstel. Über diesen weiß Johann Gottfried Walthers *Musicalisches Lexicon* nur Ungenaues zu berichten:

»Künstel (Johann Georg) eines Müllers Sohn aus Weissenfelß, hat eines Bürger-Meisters Tochter aus Anspach zur Ehegattin gehabt; woraus zu vermuthen ist, daß er erst daselbst in Diensten gestanden, bis er nach Coburg, als Capellmeister bey Herzog Albrechten gekommen. Ist gestorben an 169–.«

Ersichtlich gehören diese unpräzisen Angaben nicht zu jenen »Lebens-Umständen«, mit denen »die Herren *Virtuos*en in Anspach« den Lexikographen, vermutlich durch Vermittlung Johann Philipp Weichardts, 1729/30 »beehrt« hatten. Vielmehr scheinen die etwas nebulösen Informationen durch Walthers Wolfenbütteler Brieffreund Heinrich Bokemeyer nach Weimar gelangt zu sein und auf dessen Kollegen, den Schloßkantor Georg Österreich (1664–1735), zurückzugehen. Dieser hatte, wie seine für Walthers Lexikon gelieferte Lebensskizze erkennen läßt, in den 1690er Jahren während einer vorübergehenden Reduzierung der musikalischen Institutionen am Schleswig-Holsteinisch-Gottorfischen Hofe einige Gastverpflichtungen an anderen Höfen wahrgenommen, war in deren Verlauf zu Herzog Albrecht III. nach Coburg gekommen, hatte dort »eine und

Werke Johann Michael Bachs (1648–1694) im Nachlaß des Markrafen
Johann Friedrich (1686)

andere *Composition*« verfertigt, »welche bey dem damahligen *Festivit*äten solte gebrauchet werden«, und das Angebot einer festen Anstellung erhalten, »weil vor kurtzen Dero Capellmeister, Herr Künstel, mit Tode abgegangen war.« Letzten Endes wurde aus der Anstellung in Coburg nichts, und als nur zeitweilig designierter Nachfolger mag Österreich sich nicht allzu genau nach den Lebensumständen des Amtsvorgängers erkundigt haben.

Ungeachtet mancher verbleibenden Unsicherheit läßt sich der Lebensgang Künstels in seinen wesentlichen Stationen nachvollziehen. Freilich schwankt bereits die Angabe der Vornamen zwischen Georg, Johann Georg, Georg Friedrich und Georg Heinrich. Für eine Herkunft aus Weißenfels, wie bei Walther angegeben, finden sich keine Belege. Nachzuweisen ist Künstel dagegen am 31. Juli 1667 im oberfränkischen Weißenbrunn (Kreis Kronach) als Schulleiter und Organist. Ob Weißenbrunn auch als Geburtsort in Frage kommt, muß derzeit jedoch offenbleiben. Wenig später, am 18. Mai 1669, erhält Künstel in Ansbach seine Bestallung als Hoforganist und tritt damit eine erst zu dieser Zeit neugeschaffene Stelle an. Bald danach könnte er, wie bei Walther angedeutet, eine gebürtige Ansbacherin geheiratet haben. Am 13. Dezember 1678 wird in Ansbach der Sohn Johann Wolfgang getauft. Wenige Wochen später kommt es zu einer einschneidenden Änderung der Verhältnisse: Im Januar 1679 tötet der Hofkapellmeister Johann Wolfgang Franck (1644–vor 1710) im Streit einen Musiker seines Ensembles und flüchtet daraufhin nach Hamburg. Georg Künstel und sein Kapellkollege Paul Kellner, der Vater der nachmals berühmten und erst 1745 verstorbenen »Cantatrice« Christiane Pauline Kellner,

werden mit der interimistischen Leitung der Hofkapelle beauf-
tragt und bekommen so auch Zugriff auf deren Notenarchiv.
Als am 8. Oktober 1680 die Markgräfin Johanna Elisabeth,
eine geborene Markgräfin von Baden und Hochberg, im Alter
von 29 Jahren stirbt und eine Zeit der Hoftrauer beginnt, bittet
Künstel um Beurlaubung, um sich in Neuburg/Donau am Hof
des Pfalzgrafen Philipp Wilhelm bei dem Kapellmeister Giovanni Battista Mocchi (1620–1688) und dem Organisten und
Vizekapellmeister Johann Paul Agricola weiter ausbilden zu lassen. Hierfür erhält er am 16. November 1680 ein Empfehlungs-
schreiben des Markgrafen Johann Friedrich. Dieser geht am
4. November 1681 eine neue Ehe ein; die Vermählung mit Eleonore Erdmuthe Louise von Sachsen-Weimar-Eisenach (1662–
1696) findet in Eisenach statt. Am 1. Januar 1683 wird Johann
Georg Conradi (um 1648–1699) als neuer Hofkapellmeister berufen, und damit endet das mehrjährige Interim hinsichtlich
der Leitung der Hofkapelle. Am 15. Januar 1684 erhält Künstel
seine »gnädige dimission«, damit er »seine *fortun* verbessern
könne«. Ein *Testimonium* bescheinigt ihm, daß er »in die dreyze-
hen Jahr vor einen HoffOrganisten unterthänigst auffgewart-
tet« und »darunter in die fünff Jahr das Interims *Directorium* in
abwesenheit des Capellmeisters versehen.« Ob er in der Folgezeit tatsächlich eine Verbesserung seiner beruflichen Situation
erreichen konnte, bleibt ungewiß. Immerhin entging er durch
seinen freiwilligen Abgang der allgemeinen Entlassung, die
nach dem Tode des Markgrafen Johann Friedrich (22. März
1686) einsetzte. Auch der wenige Jahre zuvor angestellte Johann
Georg Conradi war hiervon betroffen (1. Juli 1686), konnte allerdings erst im März des Folgejahres abreisen, da der Notar Jo-

hann Christoph Halbmeyer und der »Cammer-Cancellist« Johann Andreas Mayer ihn der Hinterziehung von Musikalien beschuldigt hatten und er für einen Schadensausgleich sorgen mußte.

Georg Künstel ist nach einigen zu vermutenden Wanderjahren mit kurzfristigen Beschäftigungen an kleineren Höfen 1693 wieder nachweisbar; er soll bei Herzog Albrecht III. von Sachsen-Coburg für eine Neuausrichtung der Hofkapelle sorgen. Ein Schreiben vom 21. März 1694 an den Rat der Stadt Frankfurt am Main, in dem es um die Übersendung von Musikalien geht, ist das letzte sicher datierbare Lebenszeichen Georg Künstels. 1695/96 ist der Sohn Johann Wolfgang als Schüler des Gymnasium Casimirianum zu Coburg belegt; die Matrikel erwähnt seinen Vater als Hofkapellmeister, ohne ihn etwa als verstorben zu bezeichnen. Am 28. August 1696 folgt Johann Wolfgangs Immatrikulation an der Universität Jena; zu dieser Zeit war der Vater möglicherweise nicht mehr am Leben. Die bereits erwähnte Reise von Georg Österreich, die mit einem Angebot, als Nachfolger Künstels nach Coburg zu wechseln, verbunden war, wurde erst nach dem Tod des Herzogs Christian Albrecht von Schleswig-Holstein-Gottorf (27. Dezember 1694) mit Erlaubnis des Thronfolgers Friedrich IV. angetreten, und spätestens Ende 1697 muß Österreich nach Gottorf zurückgekehrt sein, denn eine Weisung zu seiner Wiederannahme erging am 13. Januar 1698. 1699/1700 ist ausdrücklich von Künstels Witwe die Rede; zudem ließ ein Sekretär im Zusammenhang mit der Inventarisierung der Hinterlassenschaft des 1699 verstorbenen Herzogs Albrecht III. wissen, daß sie die Notensammlung ihres Mannes nach dessen Tod für 250 Reichstaler an den Herzog verkauft habe.

Künstels Sohn Johann Wolfgang bezog nach dem Studium in Jena am 15. September 1700 die Universität Halle und genoß hier einen Freitisch. Noch vor 1703 begann er eine Laufbahn an den Franckeschen Stiftungen, zunächst als Helfer in der Apotheke, dann als Laborant, nach der Promotion (20. September 1710) als Mediziner und Apotheker. Nach vielen Auseinandersetzungen und mehrfach angedrohter Entlassung soll er 1732 »in der Stille« gestorben sein, angeblich geisteskrank.

Über Georg Künstels Einfluß auf das Repertoire der Ansbacher Hofkapelle ließe sich wenig sagen, hätte es nicht Streitigkeiten zwischen den beiden interimistischen Leitern gegeben, in deren Folge Paul Kellner eine – leider undatierte, aber wohl 1682 anzusetzende – Eingabe an Markgraf Johann Friedrich richtete. Paul Kellner, seit 1657/58 in Stuttgart als »Instrumentist« tätig gewesen, war nach gelegentlichen Mißhelligkeiten nach Ansbach gewechselt und hier am 15. November 1674 angestellt worden. Wie andere wurde auch er 1686 entlasssen. Hinsichtlich der Musikaliensammlung läßt er den Margrafen wissen, daß »sich der Künstel aller Musicalischen stuckhe handhebig gemacht und dieselbe neben denen Jnstrumenten an sich gezogen, und nach seinem willen damit gehandelt« ... und dabei »die beste und rariste stückhe, absonderlich vom Frankhen und Rosenmüller nicht allein vor sich abschreiben laßen, sondern auch nach Sachßen in Arnstatt an den Heindorffer comunicirt, davor Er dergleichen guthe stuckhe bekommen, allein die besten vor sich behalten, und etliche schlechte zur Capell gegeben hatt... Welches noch dabey zu consideriren, daß die Capellknaben von diesen obermelden stückhen die meisten abschreiben müßen, dadurch ihre schul versaumt, und als sie sich beschwört, mit betrohung dieselbe mit priegeln zu tractirn, vorgebend, es gehöre vor gndt: herrschaff, derohalb sie ihre Cost und Kleidung hätten, da doch die Knaben über die hundert, ohne die die Er zur Capell geliefert, abgeschrieben, und jhne dazu von hoff und Canzley aus federn, dinten, Papier, und Lichter gereicht worden, wüste derohalben nicht wie der Künstel mit guthem gewißen ohn vortelhaffigen betrug diese stuckh behalten könte, sondern vielmehr mit ernst dazu angehalten solte werden, daß Er diese stuckh zur hochfürstl: Capell liefern müste.«

Auf wen Kellner mit »Heindorffer« zielt, ist nicht so leicht zu bestimmen. In Arnstadt sind zur fraglichen Zeit zwei Namensträger nachzuweisen. Der ältere von beiden, Johann Friedrich Heindorff (1636–1681) stammte aus Wandersleben und wurde 1665 zunächst Hofkantor in Arnstadt, später auch Stadtkantor. Beworben hatte er sich ursprünglich am 14. März 1665 um die Nachfolge des Schütz-Schülers Jonas de Fletin (1610?–1665), der zunächst in Hartenstein bei Zwickau tätig gewesen war, diese Stadt aber 1643 wegen der Pest Richtung Eibenstock verlassen und seit dem 1. Oktober 1644 in Arnstadt als Stadtkantor gewirkt hatte. Johann Friedrich Heindorffs Nachfolger wurde am 8. März 1681 der jüngere Bruder Ernst Dietrich Heindorff (1651–1724), geboren ebenfalls in Wandersleben, der 1672 die Universität Jena bezogen hatte und von 1673 bis 1681 in Tanna (Vogtland) als Kantor tätig gewesen war.

Welchem Heindorff/Heyndorff/Hegendorf diese oder jene Quelle zugeschrieben werden kann, bedürfte wegen der Gleichheit von Familiennamen und Amtsbezeichnung jeweils gesonderter Überlegungen. Erwähnt seien wenigstens ein mit »Heindorff« bezeichnetes lateinisches Chorwerk, das sich ehemals in der Bibliothek der Michaeliskirche Lüneburg befand, sowie eine jetzt in der Staatsbibliothek zu Berlin befindliche Quelle aus der Bibliothek der Michaeliskirche Erfurt, die das Datum 25. April 1682 trägt und auf »Hegendorff Cantor Arnstad« hinweist. Auf die engen Beziehungen der beiden Heindorffs zu Angehörigen der Bach-Familie in Arnstadt deutet die Tatsache, daß an der Schloßkapelle Arnstadt zu Zeiten des als Kantor dort tätigen älteren Heindorff Johann Christoph Bach (1642–1703) von 1663 bis 1665 als Organist tätig war, dieser dann nach Eisenach ging, und als dessen Nachfolger der jüngere Bruder Johann Michael Bach (1648–1694) von 1665 bis 1673, ehe er eine Stelle in Gehren antrat. Der jüngere der beiden Heindorffs stand am 8. August 1683 Pate bei dem eingangs erwähnten Johann Ernst Bach. Wenn also, was anzunehmen ist, der letztgenannte eine Anzahl mit »Bach« bezeichneter Musikalien zusammengetragen hat, von denen ein nicht geringer Teil bemerkenswerterweise die Schriftzüge des jüngeren Heindorff aufweist, so wären diese Materialien aus dessen Nachlaß (oder auch schon zu Lebzeiten als Geschenk) dem Patensohn übergeben worden.

Hinsichtlich der 1686 in Ansbach nachgewiesenen Werke Johann Michael Bachs muß angesichts der personalen Zusammenhänge bis zum Beweis des Gegenteils davon ausgegangen werden, daß sie durch die Heindorff-Brüder aus Arnstadt nach Ansbach gelangt sind. Für die bereits bemerkte Diskrepanz in den Besetzungsverhältnissen zwischen den Sammlungen »Ansbach 1686« und »Alt-Bachisches Archiv« fehlt bislang eine schlüssige Erklärung. Auch wäre zu überlegen, für welche Gelegenheiten und für welchen Aufführungsapparat Johann Mi-

Johann Michael oder Johann Christoph Bach: Motette »Es erhub sich ein
Streit«. Partitur aus dem »Alt-Bachischen Archiv«

chael Bach Werke für 12, 15 und 22 Stimmen geschrieben haben sollte. Die Zuverlässigkeit des Ansbacher Inventars in Zweifel zu ziehen, liegt bisher kein Anlaß vor. Als dessen Schreiber gilt der musikerfahrene Johann Christoph Halbmeyer (1642–1703) aus Mainbernheim, ehemals Kantor in Schwabach, am 28. März 1674 als Bassist in die Ansbacher Hofkapelle berufen und nach deren Auflösung (3. Mai 1686) weiter als Notar in Ansbach tätig.

Für das erste von ihm verzeichnete Werk Johann Michael Bachs (»Der Herr ist König«) hat sich in jüngerer Zeit eine Konkordanzquelle im thüringischen Großfahner ermitteln lassen, die die Richtigkeit der Ansbacher Eintragung bestätigt. Nachzudenken bleibt allenfalls über das Concerto »Es erhub sich ein Streit«, das 1790 im Kontext des Alt-Bachischen Archivs Johann Christoph Bach zugewiesen ist. Als Carl Philipp Emanuel Bach am 20. September 1775 von Hamburg aus dem Göttinger Musikhistoriker Johann Nikolaus Forkel leihweise einige Handschriften aus seinem »alten Bachischen Archive« zusandte, bemerkte er rückschauend »Das 22stimmige Stück ist ein Meisterstück. Mein seeliger Vater hat es einmahl in Leipzig in der Kirche aufgeführt, alles ist über den Efeckt erstaunt. Hier habe ich nicht Sänger genug, außerdem [= sonst] würde ich es gerne einmahl aufführen.«

Ob das »Meisterstück« von Johann Christoph Bach stammt, oder aber von seinem jüngeren Bruder Johann Michael, das ist eine Frage, die ohne das Ansbacher Inventar von 1686 und den dort verzeichneten Ansatz zu einem »Alt-Bachischen Archiv« gar nicht gestellt werden könnte.

Aufsteiger:
Johann Georg Pisendel

Der Jahresanfang 1709 war geprägt vom schlimmsten Winter, den Mitteleuropa seit Menschengedenken erlebt hatte. Etwa im März 1709, wohl nach dem Eintritt etwas milderer Temperaturen, begab sich der 21jährige Johann Georg Pisendel von Ansbach aus auf den Weg nach Leipzig, um dort ein Studium aufzunehmen. Die Wahl dieses relativ weit entfernten Studienortes unter Verzicht auf näher gelegene Universitäten wie Altdorf, Jena oder Erfurt mag damit zusammenhängen, daß der Vater Simon Pisendel (1654–1719), Kantor im nahe bei Nürnberg gelegenen, aber zu Ansbach gehörigen Cadolzburg, aus Neukirchen, dem heutigen Markneukirchen stammte und seit eh und je enge Beziehungen zwischen dem Vogtland und Leipzig bestanden.

Der am 26. Dezember 1687 geborene und früh von seinem Vater unterrichtete Sohn Johann Georg hatte bereits »im neunten Lebensjahre die Ehre, vor der Durchlauchtigsten Markgräflich-Anspachischen Herrschaft, welche durch Karlsburg [Cadolzburg] reisete, sich mit einem Italiänischen, für einen Sopran gesetzten Motett, in der Kirche daselbst hören zu lassen. Der Markgraf [Georg Friedrich (1678–1703), seit 1694 regierend] fand an der Geschicklichkeit des jungen Pisendel ein gnädiges Wohlgefallen, und nahm ihn sogleich als Sopranisten in die Anspachische Kapelle, in Dienste.« Prägende Persönlichkeiten in diesen frühen Jahren waren der seit 1696 als Kapellmeister in

Historische Ansicht von Cadolzburg

Ansbach tätige Francesco Antonio Mamiliano Pistocchi (1659-1726), ein ebenso angesehener Sänger wie Gesangspädagoge und Komponist, sowie der berühmte Geiger und Komponist Giuseppe Torelli (1658–1709). Letzterer gab Pisendel – wie auch dem späteren Konzertmeister der Ansbacher Hofkapelle Johann Hermann Köhler (1686–1740) – »ordentliche Lectionen auf der Violine«, wenngleich Gastspielreisen und andere Abwesenheitsgründe eine solche Lehrtätigkeit Torellis mehrfach und zum Teil für längere Zeit unterbrachen. Spätestens im Jahre 1700 ging dieser Unterricht zu Ende; Torelli und auch Pistocchi hatten Ansbach verlassen, zunächst wohl nur vorübergehend. Als der junge Markgraf Georg Friedrich auf einem Kriegsschauplatz unerwartet den Tod gefunden hatte und die Verkleinerung des Hofstaates in Angriff genommen wurde, hieß es in der zuständigen Akte, dem sogenannten Reduktions-Libell: »Capellmeister Pistochi... [und] Torelli Maistro di Concerto – Denen soll durch den Capellmeister [Johann Christian] Rauhen, daß man ihrer weiter nicht verlange, noch Sie sich einiger Besoldung von hierauß zugetrösten hetten, förderlich überschrieben werden«.

Neben dem Musikunterricht und der Tätigkeit in der Hofkapelle besuchte Pisendel,»um den Absichten seines Vaters. der ihn eigentlich zum Studiren bestimmt hatte, gemäß zu handeln, das Anspachische berühmte Gymnasium«.»Sechs Jahre war Herr Pisendel als Sopranist, und nachher, als die Stimme sich geändert hatte, noch fünf Jahre als Violinist in Anspachischen Diensten.«

Merkwürdigerweise ist in den – allerdings unvollständigen – Akten der Ansbacher Hofhaltung kein Anstellungsdatum für Johann Georg Pisendel als Kapellknabe beziehungsweise als Geiger zu finden. Auch das schon erwähnte Reduktions-Libell von 1703 sorgt eher für Verwirrung als für Klarheit. In einer Aufstellung über Mitglieder der Hofkapelle und die bisher für diese fälligen Besoldungen heißt es:»CapellenJung Köhler | Heldt 75 fl. CostGeldt. | beede Bommhardt. 150 fl. CostGeldt. | Noch zwey CapellenKnaben, worauff der CapellMeister Rau die Außspeißung bekommbt, nahmentlich Pißsendel und Bößwilbald.« In der Rubrik»Abgehende Besoldungs-Stück und Diener« ist zu den sechs Vorgenannten vermerkt:»Der CapellenJungen sollen nur zwey, welche man am besten gebrauchen kan, behalten, diesen ein Costgeld von 55 fl. gegeben, und die übrige vor Sie bißhero auffgewandte Costen, so viel immer thunlich eingezogen werden.« Wer letzten Endes von den Einsparungen betroffen war, ist dieser Liste nicht zu entnehmen. Bei»Köhler« könnte es sich um den schon erwähnten nachmaligen Konzertmeister Johann Hermann Köhler handeln,»beede Bommhardt« sind sicherlich identisch mit den später nachweisbaren Kapellmusikern Johann August und Georg Andreas Bomhardt aus der kinderreichen Familie eines Ansbacher Hoftrompeters.

Wenigstens für Pisendels Gefährten »Bößwilbald« ist eine Anstellung als Diskantist belegbar, allerdings erst am 9. Mai 1705. Jener Georg Jakob Böswillibald aus Weißenburg am Sand (hier getauft am 16. August 1683) war offenbar ein besonders begabter Sänger. Bereits ab 1703 ist er, zunächst bis 1704/05 und nochmals im Sommer 1705 in der Hofkapelle von Stuttgart zu finden, erhält in Ansbach 1707 (17. Januar) 50 fl. Zulage, wird am 2. Oktober 1708 wegen mangelnden Fleißes ermahnt, erscheint im selben Jahr (5. November) ohne Namensnennung als »Casterat von Onolzbach« in Bayreuth, gastiert 1708 (10. Dezember) und 1709 (14. Januar) in Berlin bei den Festopern anläßlich der dritten Vermählung des Königs in Preußen Friedrich I. sowie 1716 (21. Mai) als Giorgio Giacomo Besivillibald aus Ansbach in London. 1723 ist er nach dem Tod des Markgrafen Wilhelm Friedrich letztmalig in Ansbach nachzuweisen, wechselt 1722/23 in die Hofkapelle Herzog Friedrich II. von Sachsen-Gotha († 23. März 1732), wo er bis zum III. Quartal 1732 verbleibt. 1724 erhält er hier eine Geldzuwendung zum Kauf von zwei Trüffelhunden, und 1725 (24. September) erteilt der Herzog die Erlaubnis zur Auszahlung von 100 Talern Vorschuß, um dem Bruder des Sängers die Rückreise nach »West-Indien« (Karibik) zu ermöglichen. Eine Zahlung an einen »teutschen Castraten...von Gotha« im Februar 1726 weist auf ein Gastspiel am Hof zu Anhalt-Köthen. Am 29. Mai 1731 heiratet Böswillibald in Gotha und geht wohl Ende des Folgejahres nach Eisenach, wo er am 9. November 1733 das Bürgerrecht erhält. Mit der Auflösung der Eisenacher Hofkapelle nach dem Tode des Herzogs Wilhelm Heinrich (1741) verliert sich die Spur des abwechselnd als Diskantist und als Kastrat bezeichneten Sängers.

Eine derart bewegte Künstlerlaufbahn konnte Johann Georg Pisendel kurz nach 1700 noch nicht vorweisen.

Er ging, wie bereits erwähnt, »im März 1709 nach Leipzig, um allda der Musik und dem Studiren noch weiter obzuliegen... Seine Hinreise ging durch Weimar, wo er sich dem damals in Diensten stehenden Herrn Johann Sebastian Bach bekannt machte.« Einzelheiten über diesen Besuch sind leider nicht bekannt; wir müssen dankbar sein, daß die Bemerkung über das Zusammentreffen – offenbar durch einen Schüler Bachs – überhaupt in die 1767 gedruckte Neufassung einer 1756 erstmals vorgelegten Kurzbiographie Pisendels eingefügt worden ist. Vermutungsweise zuordnen läßt sich der ersten Begegnung zwischen dem bereits etablierten Weimarer Hoforganisten und dem kurz vor einer bedeutenden Karriere stehenden Geiger aus Franken die erst in jüngerer Zeit identifizierte Stimmenabschrift eines gehaltvollen Konzerts aus der Feder Georg Philipp Telemanns, die durchweg die frühe Hand Johann Sebastian Bachs zeigt, einige Ergänzungen Pisendels aus späterer Zeit aufweist und bis zum Beweis des Gegenteils als Geschenk des Gastgebers an seinen unerwarteten Besucher gedeutet werden kann. Als Gegengeschenk Pisendels wäre eine charakteristische Komposition aus dem Œuvre des Lehrers Giuseppe Torelli vorstellbar, beispielsweise ein Torelli zugeschriebenes Violinkonzert in d-Moll (Vorlage für Bachs Cembalotranskription BWV 979), doch fehlen hierzu jegliche Belege. Einige in Dresden überlieferte Handschriften aus dem Besitz Pisendels, die bis in dessen Ansbacher Zeit zurückzuweisen scheinen, enthalten neben hier zu erwartenden Kompositionen Torellis solche von Tomaso Albinoni, Antonio Vivaldi, Fabbrini, Fiorelli und anderen.

Johann Georg Pisendel

Allzugroße geigerische Anforderungen stellt Telemanns G-Dur-Konzert im übrigen nicht, so daß sich im Zusammenhang mit der Weimarer Begegnung im März 1709 auch eine Hausmusik mit Pisendel und Bach als Solisten von Telemanns Doppelkonzert vorstellen ließe.

Mit der hohen Kunst seines in Ansbach erlernten Violinspiels verblüffte Pisendel erst in Leipzig die dort agierende, offenbar eher an solide Hausmannskost gewöhnte Musiziergemeinschaft:

»Als Herr Pisendel sich, kurz nach seiner Ankunft in Leipzig das erstemal im Collegium Musicum daselbst wollte hören lassen, sahe ihn ein damaliges Mitglied dieses Collegiums, Herr Götze, (welcher nachher sein beständiger guter Freund gewesen ist) weil Herr Pisendel damals sehr mager und schmächtig, auch nur ganz simpel gekleidet war, von der Seite an, und sagte: Was will doch das Pürschgen hier? Ja ja, der wird uns was rechtes vorgeigen! Herr Pisendel legte indessen sein Concert auf, welches aus dem C dur, und von Torelli war, und sich mit allen Stimmen im Unison, so anfieng:

Die erste Passagie der concertirenden Stimme in diesem Concerte geht gleich in die Höhe. Bey dieser Passagie setzte Herr Götze sein Violoncell, das er immer zu spielen pflegte, auf

◄ Georg Philipp Telemann, Konzert G-Dur TWV 55.2 V G (1). Abschrift von J.S. Bach (Stimme Violino Concertino 2).

die Seite, und sahe den neuen Studenten mit Verwunderung an. Als darauf das Adagio kam, und Herr Pisendel die concertirende Stimme darinne kaum angefangen hatte, gab Herr Götze seinen Beyfall auf so eine Weise zu erkennen, daß Herr Pisendel damit vollkommen zufrieden seyn konnte.«

In einem 1784 erschienenen, wohl vom späteren Thomaskantor Johann Adam Hiller redigierten Wiederabdruck der Pisendel-Biographie heißt es über Johann Christoph Götzes Reaktion auf Pisendels überraschendes Adagio-Spiel: »er [Götze] riß, während demselben die Perüque vom Kopfe, warf sie auf die Erde, und konnte kaum das Ende erwarten, um Pisendeln voll Entzücken zu umarmen, und ihn seiner Hochachtung zu versichern.«

Über die Aktivitäten und Qualitäten des kurz nach 1700 von Telemann wiederbelebten und nach dessen Abschied aus Leipzig bis 1715 unter der Leitung des Neukirchen-Musikdirektors Melchior Hoffmann agierenden Collegium musicum in Leipzig und speziell über die Rolle Johann Georg Pisendels berichtet der 1756 veröffentlichte Nachruf auf Pisendel:

»Als im Jahre 1710. der damalige Director der Opern und des Collegii musici in Leipzig, Herr Melchior Hofmann eine Reise nach England that, nahm Herr Pisendel die Anführung, nicht allein der Musik in der neuen Kirche, und in dem Collegio musico, welches damals auf dem Rannstädter Schießgraben gehalten wurde, sondern auch des Orchesters in den damahligen Leipziger Opern über sich, und verwaltete alles mit großem Ruhme.«

Gottfried Heinrich Stölzel, Hofkapellmeister in Gotha und ehedem ab 1707 in Leipzig studierend, schrieb 1739 im Rückblick auf seinen Mentor Melchior Hoffmann:

»Das *Collegium musicum*, welches er dirigirte, zog mich, gleich in den ersten Tagen meiner Ankunfft in Leipzig, zu ihm. Dieses war nicht allein sehr starck besetzt, sondern ließ sich auch vortreflich wohl hören. Das Instrumenten-Chor, welches zwar die obigen auch zierten, krönte gleichsam der nunmehro Königl. Polnische und Chur-Sächs. Concertmeister, Herr Pisendel... In allen bestund es wohl aus 40. Personen...«.

Im Unterschied zu dieser auf seine eigene relativ kurze Studienzeit ab 1707 zielenden »Momentaufnahme« aus der Feder Stölzels lieferte Georg Philipp Telemann in seiner 1718 skizzierten Autobiographie eher den Versuch eines historischen Abrisses:

In Leipzig »richtete [ich] das noch jetzo *florirende Collegium Musicum* auff. Dieses *Collegium*, ob es zwar aus lauter *Studiosis* bestehet / deren öffters biß 40. beysammen sind / ist nichts desto minder mit vielem Vergnügen anzuhören / und wird nicht leicht / derer mehrentheils darinnen befindlichen guten Sänger zu geschweigen / ein Instrument zu finden seyn / welches man nicht darbey antrifft. ... Endlich gereichet auch zu dessen Ruhme / daß es vielen Oertern solche *Musicos* mitgetheilet / die man jetzo unter die berühmtesten zehlet. Als in Dreßden *excellir*et *Mr. Pisend*el auf der *Violine*...«.

Über Pisendels Weggang aus Leipzig berichtet die schon erwähnte Biographie von 1767:

»In eben diesem 1711ten Jahre, erhielt er, wider alles sein Vermuthen, einen Beruf in die Königlich-Churfürstl. Kapelle nach Dresden. Der damalige Concertmeister zu Dresden, Herr Johann Baptist Volümier, welcher Herr Pisendeln zu Leipzig im Collegio musico hatte spielen hören, hatte ihn dazu in Vorschlag gebracht. Diesen Beruf nahm Herr Pisendel an, übergab dem aus England wieder zurück gekommenen Herrn Melchior Hofmann, die bisher für ihn verwalteten musikalischen Anführungen, und trat im Januar des 1712ten Jahres die Königl. Kapelldienste an...«.

Damit hatte Johann Georg Pisendel seine Lebensstellung gefunden; abgesehen von seinem Avancement nach dem Tod des Konzertmeisters Jean Baptiste Volumier (Woulmyer) im Oktober 1728 änderte sich an seiner beruflichen Situation nichts mehr. Was in der Zeit nach der Begegnung von 1709 das Verhältnis zu Johann Sebastian Bach sowie Pisendels möglichen Einfluß auf dessen Schaffen betrifft, tappen wir weitgehend im dunkeln. In biographischer Hinsicht sind zwar überzeugende Hypothesen möglich, ohne daß aber beweiskräftige Dokumente vorlägen. So scheint denkbar, daß Pisendel bei einer im Jahre 1714 in Gesellschaft mehrerer Dresdner Musiker unternommenen Expedition nach Frankreich auf der Hin- und/oder Rückreise in Weimar Station gemacht, Johann Sebastian Bach erneut besucht und auch Musikalien mit ihm ausgetauscht haben könnte.

Gravierender als die derzeitige Ungewißheit über mögliche Begegnungen im Jahre 1714 ist die Unsicherheit bezüglich eines Treffens im Herbst 1717. Was Johann Sebastian Bach angeht, so belegt allein die bekannte Anekdote über dessen geplantes und auch realisiertes oder eben doch nicht zustande gekommenes Wettspiel mit dem französischen Organisten Louis Marchand (1669–1732) im Palais Flemming in Dresden die Möglichkeit seiner Anwesenheit in der Elbmetropole. Leider erweist sich dieser Anhaltspunkt als in unerwünschtem Maße instabil, denn über eine Abfertigung des Louis Marchand von seiten des Hofes liegt bisher nur ein undatierter Zahlungsnachweis vor, und für den Situationsbericht ist Johann Sebastian Bach der einzige Kronzeuge.

Bach pflegte die Anekdote erst nach Aufforderung zu erzählen, schmückte sie dann aber offenbar bald in dieser, bald in jener Weise je nach Lust und Laune aus, solchergestalt die wirklichen Vorgänge eher verschleiernd als erhellend.

In Hinsicht auf Pisendel scheint festzustehen, daß dieser im Gefolge des sächsischen Kurprinzen frühestens Ende September 1717 von einem ausgedehnten Italienaufenthalt wieder nach Dresden zurückgekehrt ist. An die Möglichkeit einer unmittelbar anschließenden Begegnung mit Bach knüpfen sich seit langem große Erwartungen der Bach- wie der Vivaldi-Forschung. Zu den wichtigsten Erträgen von Pisendels Italien-Aufenthalt zählen ja nicht schlechthin seine Kontakte mit Antonio Vivaldi, sondern die Erwerbung von handschriftlichen Musikalien aus dessen Œuvre, insbesondere farbig besetzten Konzerten, die Vorbilder für Bachs Brandenburgische Konzerte abgegeben haben könnten. Hinzu kämen Erfahrungen mit der violinistischen Virtuosität Vivaldis, von der der deutsche Reisende Johann Friedrich Armand von Uffenbach 1715 zu berichten wußte, Vivaldi habe im Opernhaus von Sant' Angelo in Venedig ein Violinkonzert vorgetragen und an dessen Schluß eine Kadenz oder Fantasie angebracht, bei der er »auf allen 4 saiten mit Fugen« zu hören gewesen sei.

Die Beziehungen zwischen Bach und Pisendel oder ihre Freundschaft, wenn es denn eine solche gegeben hat, setzten sich voraussichtlich über die gesamte Leipziger Zeit des erstgenannten fort. Einzelbelege für diese eher private Verbindung

Johann Georg Pisendel, Brief an Telemann, Dresden, 26.3. 1751,
mit Erwähnung (Zeile 9) der Nachrufe auf Bümler, Stölzel und Bach.

fehlen erklärlicherweise. Bachs schriftlich fixierter »Entwurff einer wohlbestallten Kirchen Music« aus dem Jahre 1730 ist ohne die Hinweise auf das Vorbild der vorzüglich exerzierten Dresdner Hofkapelle nicht zu denken, und Pisendels Arbeit als Orchestererzieher steht hier unverkennbar im Hintergrund. In ihren Auffassungen über »vermischten Stil«, über Vortragsfragen, über die Integration von Verzierungen werden Bach und Pisendel sich stets nahe gewesen sein. Pisendels ertragreichen Reisen nach Frankreich, Italien und Österreich hatte Bach freilich nichts Gleichwertiges entgegenzusetzen. Mit zunehmenden Jahren könnten ihre Wege sich allmählich voneinander entfernt haben, doch die gegenseitige Hochachtung blieb. In einem späten Brief an seinen Freund Telemann bemerkt Pisendel etwas unwirsch, daß er wohl wisse, wer der – mittlerweile verstorbene – alte Bach gewesen sei, daß aber dessen Söhne mit Ausnahme des Berliner (Carl Philipp Emanuel) diesem nicht das Wasser reichen könnten. Von Wilhelm Friedemann Bach, den er fast einenhalb Jahrzehnte lang als Organisten der Dresdner Sophienkirche hatte erleben können, scheint Pisendel keine hohe Meinung gehabt zu haben, wie er gegenüber Telemann durchblicken läßt. Auch an manchen anderen Zeitgenossen läßt er kaum ein gutes Haar, und mit seinem Urteil über italienische Musikerkollegen, die er als »schon von Mutterleib an ... arglistig, falsch, dückisch und interessirt... empfangen und gebohren« diffamiert, würde er heutzutage sogar als ausländerfeindlich gelten.

Telemanns gereimten Nachruf auf Johann Sebastian Bach versucht Pisendel im Frühjahr 1751 zum Druck zu befördern, allerdings mit wenig Erfolg. In dieser Bemühung dokumentiert sich nochmals die Trias Bach – Pisendel – Telemann wie schon einmal im Jahre 1738, als Bach und Pisendel auf die in Frankreich erscheinende Druckausgabe von Telemanns sogenannten »Pariser Quartetten« subskribierten. Mit großer Freude reagiert Pisendel im Frühjahr 1749 auf die Nachricht aus Hamburg, daß Telemann seinen 68. Geburtstag begangen habe, »und zwar in solcher Leibes- und Gemüthsbeschaffenheit, als kaum im 28ten gewesen.« Offenkundig ist dies kein bloßes Jonglieren mit Zahlen, sondern eine bewußte Anspielung auf ihr erstes Zusammentreffen in Telemanns 28. Lebensjahr, mithin 1709. Offenbar sind sich im Jahre 1709 Bach und Pisendel ebenso begegnet wie Pisendel und Telemann, gleichsam in einer zweiteiligen, zeitversetzten Sternstunde der Musikgeschichte.

Heimkehrer:
Johann Matthias Gesner

In seinen Annotationen zu Johann Nikolaus Forkels Programmschrift *Ueber Johann Sebastian Bachs Leben, Kunst und Kunstwerke* (1802) bemerkt der Berliner Architekt und Goethefreund Karl Friedrich Zelter (1758–1832) bei der Erörterung des Verhältnisses von Satztechnik und Wohlklang:»Agricola oder Kirnberger; einer von beiden erzälte einst: Einer von Bachs Schülern habe ihn aufmerksam gemacht auf eine harmonische Härte. Bach antwortete:›das hat nichts zu bedeuten, das frißt sich durch! aber das Ganze muß zusammen hängen, darauf kommt es an‹.« Eine solche Maxime hätte auch Johann Matthias Gesner als Pädagoge formuliert haben können; doch dazu später.

Johann Matthias Gesner, eine der nicht übermäßig zahlreichen Lichtgestalten, die Johann Sebastian Bachs Lebensweg kreuzten, hatte wie jener eine beschwerliche Jugendzeit zu durchleben und mußte Begabung mit Übung und unendlichem Fleiß verbinden, um auf der Erfolgsleiter ganz nach oben zu gelangen.

Geboren wurde er in der nahe bei Nürnberg an der Rednitz gelegenen, aber zum Ansbachischen Gebiet gehörigen Stadt Roth; das Datum 9. April 1691 gilt als sicher, wenngleich ein Eintrag im zuständigen Kirchenbuch aus unerfindlichen Gründen fehlt. Sein Vater Johann Samuel Gesner (1661–1704) war seit 1687 als Kaplan in Roth tätig, wechselte im Juli 1691 aber auf die immerhin einträglichere Pfarrstelle in Auhausen; die Mutter

Johann Matthias Gesner

Maria Magdalena (1670–1738) entstammte der zahlreichen Nachkommenschaft des Ansbacher Kammerrats Georg Konrad Hußwedel. Von den neun Kindern aus der am 30. August 1687 geschlossenen Verbindung wurden ein älterer Bruder des Johann Matthias namens Andreas Samuel (1689–1778) Rektor in Rothenburg ob der Tauber, die jüngeren Brüder Johann Georg (1694–1773) und Johann Albrecht (1695–1760) Hofapotheker in Ansbach beziehungsweise württembergischer Leibmedikus in Stuttgart. Nach dem frühen Tod des Vaters (9. März 1704) heiratete die Witwe noch im selben Jahr (11. November) den Amtsnachfolger Johann Zuckermantel (1678–1741). Ein Sohn dieser zweiten Ehe der Mutter war Johann Matthias' Halbbruder Johann Wilhelm Zuckermantel (1712–1760), der ab 1732 als Adjunkt seines Vaters in Obermögersheim bei Wassertrüdingen tätig war, 1740 nach Rentweinsdorf wechselte, 1749 Reiseprediger des Ansbacher Erbprinzen Karl Alexander wurde, 1756 als Hofkaplan nach Ansbach ging und in seinen letzten Lebensjahren die Stelle des zweiten Predigers der deutschen evangelischen Gemeinde im russischen Petersburg bekleidete.

Vorbereitet durch zweijährigen Privatunterricht seitens seines Stiefvaters, konnte der junge Johann Matthias Gesner das Gymnasium in Ansbach beziehen. In Ermangelung anderer Unterbringungsmöglichkeiten wurde er ins Alumneum aufgenommen, ein 1552 als »Contubernium Pauperum« begründetes Internat, wo er acht Jahre lang mit 24 jungen Leuten lebte, »welche auf gemeine Kosten erzogen werden, und vor ihre Dienste, die sie bey der Musik im Singen leisten, Wohnung, Tisch, und nachmahls auch ein Stipendium haben.« Dienste im vorgenannten Sinne waren das Singen bei Hochzeiten und Beerdi-

gungen, bei Gottesdiensten in der Schloßkapelle oder der Stadt-
pfarrkirche sowie bei Umgängen vor den Bürgerhäusern der
Stadt. Zusätzliche Förderung erfuhren die Alumnen von Gön-
nern wie der Brandenburg-Ansbacher Prinzessin Wilhelmine
Caroline (1683–1737), der späteren Gemahlin König Georg II.
von England.

Als Glücksfall für Gesner erwies sich, daß Georg Nikolaus
Köhler (1673–1743, 1697 bis 1714 Rektor des Gymnasiums) dessen Begabung früh erkannte und ihn zu allerlei Beschäftigungen anregte, die über das Schulpensum weit hinausgingen und
den Freiraum für mutwillige Einfälle, Streiche und Allotria ein-
engten. Zu den Erträgen dieser Anregungen gehörten Kenntnisse in einer größeren Zahl alter und neuer (auch orientalischer)
Sprachen, dazu die Freude an der Lösung schwieriger Sonder-
aufgaben, die der Rektor ihm während des Unterrichts auf vor-
bereiteten Zetteln zusteckte. Dankbar hat Gesner noch in späteren Jahren auf diese als vorbildlich angesehene Methodik
zurückgeblickt und deren Gedankengut in eigene Beiträge zu
Schulordnungen einfließen lassen.

Gesners Studienbeginn an der Universität Jena (1. Mai 1710)
war zunächst durch das Fehlen ausreichender Geldmittel be-
einträchtigt. Doch der Ansbacher Hofrat Jakob Friedrich Weyl,
einstmals Erzieher des Markgrafen Wilhelm Friedrich (1685–
1723, regierend ab 1703), der ihn schon in Ansbach unterstützt
hatte, konnte ihm in Jena bald ein Stipendium verschaffen.
Überdies fiel Gesners Begabung dort dem einflußreichen Theo-
logieprofessor Johann Franz Budde (Buddeus; 1667–1729) auf,
der ihn in sein Haus nahm, ihn als Sekretär sowie als Hauslehrer
seines Sohnes beschäftigte und ihm später sogar eine Anstel-

lung verschaffte – die des Konrektors am Wilhelm-Ernst-Gymnasium zu Weimar.

Als Rektor wirkte hier seit dem 21. Januar 1712 Johann Christoph Kiesewetter (1666–1744), ehedem Rektor des Lyceums zu Ohrdruf, das Johann Sebastian Bach nach dem Tod seiner Eltern und bis zum Wechsel auf die Lüneburger Michaelisschule für mehrere Jahre besucht hatte; als Konrektor stand ihm Johann Heinrich Lamm aus dem thüringischen Rastenberg zur Seite. Als letzterer am 6. Januar 1715 verstorben war, konnte Johann Matthias Gesner die Nachfolge antreten und wurde am 13. März in sein Amt eingeführt. Zusätzlich wurden ihm die Aufsicht über die herzogliche Bibliothek und über die Münzsammlung übertragen. In beiden Funktionen, insbesondere aber bei der weiteren Katalogisierung der Bibliothek kamen ihm seine umfassenden Sprachkenntnisse zustatten.

Schon wenige Wochen später begegneten sich Hoforganist Bach und Schulkonrektor Gesner – zumindest in schriftlicher Form. Am 8. Mai 1715 trug Gesner sich in das (von Michael Maul als »zuständig« ermittelte) Stammbuch ein, das der Weimarer Stadtschreiber Johann Christoph Gebhard (1654–1723) in jenen Jahren vielen Mitgliedern des Weimarer Hofstaats sowie der städtischen und geistlichen Obrigkeit vorlegte. Hier hatten bereits am 2. August 1713 der Vizekapellmeister Johann Wilhelm Drese (1677–1745) den alten lateinischen Spruch wiederholt, daß die Welt nicht durch Meinungen regiert werde, sondern durch Betrug, und am selben Tag Johann Sebastian Bach sich als »Fürstlich Sächsischer HoffOrg[anist] u[nd] Cammer Musicus« mit einer ungewöhnlich notenreichen Stimme für einen *Canon â. 4. Voc: perpetuus* das »geneigte Angedencken« des Herrn Besitzers ausgebeten.

Die feste Anstellung am Gymnasium und die zusätzlichen Einkünfte aus seinen Nebenämtern ermöglichten Gesner die Gründung einer Familie, und so reiste er im Oktober 1718 nach Geraberg nahe Ilmenau, um sich am 12. des Monats mit Elisabeth Charitas (1695–1761), der Tochter des Pfarrers David Philipp Eberhardt, trauen zu lassen. Genaugenommen handelte es sich um eine Doppelhochzeit, denn einen Tag zuvor hatte sich Amylia Johann Justina, die ältere Schwester von Gesners Braut, mit Pfarrer Johann Georg Zimmermann aus dem nahegelegenen Roda verbunden. Als erstes Kind aus Gesners Ehe kam am 6. September 1719 der Sohn Carl Philipp in Weimar zur Welt. Dieser wählte später den Medizinerberuf und starb als langjähriger Leibarzt sächsischer Kurfürsten am 23. Juli 1780. Die 1721 in Weimar geborene Tochter Christiane Elisabeth Gesner heiratete am 26. September 1740 den 14 Jahre älteren Anatomieprofessor und Leibarzt des Landgrafen Wilhelm VIII. von Hessen-Kassel Johann Jacob Huber (1707–1778).

Als Schulmann wie als Gelehrter gleichermaßen befähigt, begann Gesner am Weimarer Gymnasium alsbald mit der Umsetzung einiger auf seiner bewährten Vorbildung fußenden Reformideen. Hinsichtlich der zu unterrichtenden Jugend hatte Gesner sich – fernab aller Gleichmacherei – entsprechend der von den einzelnen mitgebrachten Voraussetzungen und ihrer vorhandenen Einstellung eine Einteilung in vier Klassen zurechtgelegt: Schüler, die etwas lernen wollen und auch können, solche, die wollen, aber nicht können, noch andere, die können, aber nicht wollen, und zuletzt solche, die lernen weder können noch wollen. Jede dieser Gruppen sollte nach seiner Auffassung unterschiedlich und angemessen behandelt werden. Abweichend vom Bisherigen suchte er auch der deutschen Sprache verstärkt zur Geltung zu verhelfen. Bei der Lektüre griechischer und lateinischer Klassiker legte er Wert auf relativ rasches Vorankommen, um das inhaltliche Begreifen des Gelesenen zu fördern, statt gemäß der überkommenen Praxis einen Hauptteil der Zeit mit der Dechiffrierung vertrackter grammatischer Konstruktionen zuzubringen. Diese pragmatische Vorgehensweise ähnelt, wie bereits bemerkt, im Grundsatz der Einstellung Johann Sebastian Bachs zu satztechnischen Fragen.

Inwieweit Gesner und Bach sich in den knapp drei gemeinsamen Weimarer Jahren zwischen Frühjahr 1715 und Spätherbst 1717 begegnet sind, vielleicht gar Freundschaft schlossen, läßt sich in Ermangelung von Belegen schwer beurteilen. Gesners Ambitionen als Gelehrter dürften einen wesentlichen Teil seines Umgangs mit Persönlichkeiten von Stadt und Hof bestimmt haben. Andererseits ist eine Affinität zu Musik und musikalischen Fragen nicht zu verkennen. Und so finden wir Gesner folgerichtig in der Umgebung von Bachs Vetter, dem Weimarer Stadtorganisten und Musiklexikographen Johann Gottfried Walther (1684–1748). Dessen gleichnamigen Sohn, ehedem (1712) Patenkind Johann Sebastian Bachs, hatte Gesner zur Unterstützung seiner Arbeiten in der herzoglichen Bibliothek herangezogen, um so die Aussichten auf ein Stipendium für das geplante Universitätsstudium zu verbessern, und ihm vorab ein glänzendes Schulzeugnis ausgestellt. Darüber hinaus war Elisabeth Charitas Gesner am 18. März 1728 Patin bei Walthers letztgeborenem Kind, einer Tochter, der wohl nur eine sehr kurze Lebenszeit beschieden war. Und als Walther im selben Jahr in Erfurt einen Teildruck seines geplanten Buches unter dem Titel *Alte und Neue Musicalische Bibliothec, Oder Musicalisches Lexicon* herausgab, hieß es in der Vorrede:»Hierzu hat nun der hiesige Hochfürstl. Bibliothecarius, und berühmte Con-Rector des Gymnasii, Hr. M. Joh. Matthias Gesner, durch gütigen Vorschub das meiste beygetragen, welches hiermit danckbarlich zu erwehnen, meine Schuldigkeit allerdings erfordert.«

Das 1732 in Leipzig erschienene *Musicalische Lexicon* enthält diese Dankabstattung nicht mehr.

Geschuldet ist dies der radikalen Veränderung, die nach dem Tod des Herzogs Wilhelm Ernst am 26. August 1728 in Weimar eintrat. Der ehedem pro forma mitregierende, nunmehr allein an der Spitze des Herzogtums stehende Herzog Ernst August verdrängte systematisch die wirklichen oder vermeintlichen Parteigänger seines verhaßten Oheims aus ihren Stellungen. Auch Johann Matthias Gesner war hiervon betroffen. Ihm selbst war zwar nichts vorzuwerfen, doch sollte die in die Wege geleitete Entlassung seinen Freund, den Geheimen Rat und Obermarschall Friedrich Gotthilf Freiherr von Marschall (1675–1740), einen Anhänger Herzog Wilhelm Ernsts, empfindlich treffen. Vergeblich wies Gesner am 12. Oktober 1728 den Herzog in einem ausführlichen Schreiben auf die für Bibliothek und Münzkabinett bisher geleistete Arbeit und die Notwendigkeit zu deren Fortführung hin, vergeblich führte er ins Feld, daß er »innerhalb Jahr und Tag einen gedoppelten würklichen Antrag in mein Vaterland nach Anspach, einen andern zum Rectorate nach Dresden und endlich einen zum Rectorate nach Gotha zu kommen« allein aus Rücksicht auf die Erfordernisse von Schule und Bibliothek abgelehnt und in Weimar besser zu leben gehofft habe,»als in meinem Vaterlande zu Anspach, zu Dresden

Musicalisches

LEXICON

Oder

Musicalische Bibliothec,

Darinnen nicht allein

Die Musici, welche so wol in alten, als
neuern Zeiten, ingleichen bey verschiedenen Natio=
nen, durch Theorie und Praxin sich hervor gethan, und was
von jedem bekannt worden, oder er in Schrifften hinter=
lassen, mit allem Fleisse und nach den vornehmsten
Umständen angeführet,

Sondern auch

Die in Griechischer, Lateinischer, Italiänischer und
Frantzösischer Sprache gebräuchliche Musicalische Kunst=
oder sonst dahin gehörige Wörter,

nach Alphabetischer Ordnung

vorgetragen und erkläret,

Und zugleich

die meisten vorkommende Signaturen
erläutert werden

von

Johann Gottfried Walthern,

Fürstl. Sächs. Hof=Musico und Organisten an der Haupt=Pfarr=Kirche
zu St. Petri und=Pauli in Weimar.

Leipzig,
verlegts Wolffgang Deer, 1732.

Johann Gottfried Walther: Musicalisches Lexicon, 1732, Titelseite

oder Gotha«. Am 28. März 1729 verfügte der Herzog Gesners Entlassung auch aus dem Bibliotheksdienst. Nachfolger wurde hier Justinus Heinrich Föckler aus Oberroßla; in Gesners Stelle als Konrektor rückte der Subkonrektor und ehemalige »Chori Musici Director« Lorenz Reinhardt (1699/1700–1752) auf.

Zu Gesners Glück war gerade in dieser kritischen Zeit die Stelle des Rektors am Ansbacher Gymnasium neu zu besetzen, da der bisherige Amtsinhaber Johann Georg Christoph Feuerlein eine einträglichere Pfarrstelle übernommen hatte. Gesner selbst hatte schon die Fühler nach Ansbach ausgestreckt, und auch der Premierminister Christoph Friedrich von Seckendorff stand einer Berufung wohlwollend gegenüber. Das zuständige Konsistorium benannte am 28. Dezember 1728 als bestgeeigneten Bewerber den »Bibliothecarius und ConRector Geßner in Weymar, welcher gleichfalls ein Landes-Kind und ein Alumnus hier gewesen«, »einer von denen geschicktesten und berühmtesten Schulmännern in Teutschland ist«, »in ansehung seiner durch verschiedene gelehrte Schrifften gezeigten soliden Erudition, welche besonders mit einer feinen Gabe zu dociren verbunden ist, daß durch Ihne hiesiges Gymnasium in gutes Aufnehmen gebracht werden könnte«. Nachdem die Landesmutter Markgräfin Christiane Charlotte, die als Vormund ihres noch nicht volljährigen Sohnes Markgraf Carl Wilhelm Friedrich fungierte, dem Vorschlag zugestimmt hatte, erging zwei Tage später ein Anstellungsdekret für Gesner, und dieser bedankte sich am 25. Januar 1729 von Weimar aus schriftlich bei beiden Regenten.

Noch verzögerte sich aber Gesners Umzug nach Ansbach. Herzog Ernst August verlangte eine förmliche Übergabe der bisher von Gesner verwalteten Bücher- und Münzsammlungen, und da sich herausstellte, daß eine Inventarisierung aus Umfangsgründen undurchführbar sein würde, forderte er von Gesner eine eidliche Versicherung über die Vollständigkeit des Übernommenen und wieder zu Übergebenden. Mit Hinweis auf die »Vokation in mein Vaterland nach Anspach« und den vor 14 Tagen geschehenen Umzug seiner Familie erbat Gesner mit einem Schreiben vom 24. Mai 1729 die Erledigung der sich endlos hinziehenden Angelegenheiten. Allem Anschein nach waren diese Bemühungen endlich von Erfolg gekrönt. Möglicherweise liegt hier eine weitere Parallele zu Johann Sebastian Bach vor: Als dieser 1717 seine Entlassung erbeten hatte, um die Stelle als Hofkapellmeister in Köthen antreten zu können, dürfte Herzog Wilhelm Ernst ihn (wohl nach Ablehnung des Gesuchs) einer vergleichbaren Geduldsprobe ausgesetzt haben, die schließlich zu Arretierung und »ungnädiger« Entlassung des Hoforganisten und Konzertmeisters führte.

Ganz ohne Gruß und Dank brauchte Gesner aus Weimar allerdings nicht abzureisen. Ungeachtet der kompromißlosen Haltung des Herzogs gegenüber dem Entlassenen kam eine andere Ehrung zustande, die Johann Gottfried Walther (d. Ä.) in einem Brief vom 3. August 1731 an Heinrich Bokemeyer in Wolfenbüttel erwähnt. Hier geht es um eigene »Stücke« (Kantaten), von denen eines mit dem Textbeginn »Musen-Söhne sind betrübt«»dem Hrn. *Mag.* Gesner zu Ehren, als Selbiger *an.* 1729 gegen Pfingsten von hier als *Rector* nach Anspach beruffen wurde, (er ist von dannen gebürtig, und jetzo *Rector* in Leipzig an der Thomas-Schule) in meines ältern Sohnes Nahmen (was die Music anbetrifft) gesetzet«.

Walthers vorsorgliche Begrenzung seines Anteils auf das Erfüllen eines bloßen Kompositionsauftrags läßt auf das in Weimar seit 1728 herrschende Klima schließen. In ähnlichem Sinne verzichtet Walther auf eine Bewertung in einem vorangegangenen Brief (3. Oktober 1729) an Bokemeyer bei dem Hinweis auf ein ihm entgangenes Avancement bei Umbesetzungen »an statt des nach Anspach *in Patriam* gegangenen *Conrectoris*, Hrn. M. Jos. Matthiä Geßners«.

Gesners Rückkehr »nach Anspach *in Patriam*« hatte nicht lange Bestand. In Leipzig war das Rektorat an der Thomasschule seit Monaten vakant, und nach langem Zögern hatten sich die Verantwortlichen entsprechend einer Empfehlung des Geheimen Rats von Bünau d. J. auf Gesner als Kandidaten geeinigt. Einem Beschluß des Engeren Rates vom 6. Juni 1730 folgte zwei Tage später die offizielle Abstimmung im Plenum. Hier konnte einer der Beteiligten nach seinem Votum für Gesner die Bemerkung nicht unterdrücken, »daß es beßer seyn möchte, als mit dem *Cantor*.«

Unter Hinweis auf die unvermutet hohe Arbeitsbelastung als Rektor in Ansbach und die Gefahr, auf eigene wissenschaftliche Arbeiten größtenteils oder gänzlich verzichten zu müssen, auch die wegen der nicht eben reichlichen Besoldung erforderlichen Nebeneinkünfte durch Privatstunden nicht mehr in genügendem Maße erzielen zu können, erbat Gesner am 27. Juni 1730 bei Markgraf Carl Wilhelm Friedrich seine Entlassung, die ihm am 10. Juli auch »in Gnaden« erteilt wurde. Ob tatsächlich die Aussicht auf »halb soviel arbeit... und ein reichliches auskommen« in Leipzig ausschlaggebend war, muß dahingestellt bleiben. Möglicherweise spielten auch die Unzulänglichkeiten des Ansbacher Schulgebäudes eine Rolle, das erst 1737 durch einen Neubau ersetzt werden sollte.

Am 26. August 1730 traf Gesner in Leipzig ein. Drei Tage vorher hatte der Thomaskantor seine umfangreiche Denkschrift »Entwurff einer wohlbestallten Kirchen Music« zu Papier gebracht. Der Gedanke, daß diese zeitliche Koinzidenz vielleicht nicht zufällig war, mit der Neubesetzung der Rektorenstelle ein musikalischer Neubeginn – zumindest in organisatorischer Hinsicht – einhergehen sollte und im Hintergrund ein Ratschlag Gesners gestanden haben könnte, läßt sich nicht gänzlich abweisen, doch fehlen für eine solche Annahme jegliche Belege. Als entscheidendes Datum für Gesners Wirken in Leipzig erwies sich der 28. August 1730: Gemäß vorangegangenem Ratsbeschluß mußte der neue Thomasrektor sich mittels Revers verpflichten, seine Stelle wieder aufzugeben, sollte er beabsichtigen, eine Professur an der Universität zu übernehmen. Am 14. September erfolgte die Einführung in der Schule, weitere vier Tage später begann auch in der Schülerliste gleichsam eine neue Zeitrechnung. Der Überschrift *Rectore M. Jo. Matthias Gesnero* folgte in der 1685 begonnenen Externenmatrikel die erste Eintragung des stolzen Vaters: »Carl Philipp Gesner, *vinar. mein sohn, alt 11 jahr in primam*.« Ob der hoffnungsvolle Sprößling tatsächlich nach dem Wechsel aus dem Ansbacher Gymnasium sofort in die oberste Klasse der Leipziger Thomasschule aufrücken sollte und sich dort behaupten konnte, muß allerdings dahingestellt bleiben. Auch für die Alumnen gab es einen neuen Verzeichnungsmodus: In die von Gesner 1730 neu angelegte Matrikel mußten sie sich – ausführlicher als bisher üblich – mit lateinisch formulierten Angaben zu Herkunft, Alter,

Aufnahme sowie Verpflichtung über die Aufenthaltsdauer eintragen.

Um einen vom Rat gewünschten Magistergrad zu erlangen, legte Gesner am 28. Oktober 1730 eine lateinische Disputation vor und begann damit zugleich die Veröffentlichung einer Reihe von Schulprogrammen. Daß der Thomaskantor unter demselben Datum an seinen einstigen Schulkameraden Georg Erdmann in Danzig schrieb, um wegen einer freien Stelle anzuklopfen, dürfte aber wohl ein Zufall sein.

In den vier Jahren, die Johann Matthias Gesner als Rektor der Leipziger Thomana fungierte, war er nicht nur um einen gedeihlichen Lehrbetrieb bemüht, sondern versuchte auch Spannungen abzubauen und divergierende Interessen einander anzunähern. Die von Teilen des Rates favorisierte Anpassung der Thomasschule an die wissenschaftlichen Leitlinien üblicher Gymnasien und den damit verbundenen Verzicht auf Musikalität als Vorbedingung für die Aufnahme in das Alumnat reduzierte Gesner auf ein erträgliches Maß, die Verlagerung aller und jeder Entscheidungen im Schulbetrieb in Richtung auf die Zuständigkeit des Schulvorstehers bezeichnete er als unrealistisch und belastend für jenen und setzte sich für eine Rückkehr in die Normalität ein. Parallel gingen Bemühungen dieser Art mit dem langerwarteten Umbau des unzulänglichen Schulgebäudes, der nach der Jubilate-Messe 1731 begonnen wurde und am 5. Juni 1732 mit der Aufführung einer von Johann Sebastian Bach komponierten Festkantate seinen feierlichen Abschluß fand. Von dieser Kantate – »Froher Tag, verlangte Stunden« – ist lediglich der Text erhalten geblieben, der in einer relativ hohen Auflage gedruckt worden war und von dem ungewöhnlich viele

Exemplare überliefert sind – eines sogar im Stadtarchiv Ansbach. Eine zweite »Schul«kantate erklang in jenen Jahren als Wiederaufführung anläßlich eines Geburtstags des neuen Rektors. »Schwingt freudig euch empor« (BWV 36c) war ursprünglich 1725 entstanden und – entgegen vielen Bedenken der früheren Forschung – möglicherweise doch für den 73. Geburtstag des damaligen Rektors Johann Heinrich Ernesti (1652-1729) betimmt gewesen, da dieser, ganz im Sinne Bachs, sich konsequent allen Neuerungen bezüglich der Schulverfassung widersetzt und damit die ungeschmälerte Aufrechterhaltung des Musikbetriebs gewährleistet hatte, mithin für eine musikalische Ehrung besonders qualifiziert war.

Eine dritte, diesesmal speziell auf Gesner gemünzte Kantate wurde am 4. Oktober 1734 als Abschiedsgruß der Alumnen aufgeführt; ob sie aus Bachs Feder stammte, bleibt ungewiß.

Wie schon in Weimar und Ansbach, hatte Gesner auch in Leipzig seine eigenen wissenschaftlichen Ambitionen zumindest gleichberechtigt neben die schulischen Verpflichtungen gestellt. Der nunmehr an ihn herangetragenen Einladung, an der neugegründeten Universität Göttingen eine Professur anzutreten, konnte er letzten Endes nicht widerstehen, und so verlor die Thomana einen Pädagogen, der für lange Zeit zum letzten Mal musikalische und wissenschaftliche Anforderungen an das altberühmte Institut zu einem gewissen Ausgleich hatte bringen können. Die freundschaftlichen Beziehungen zwischen den Familien Gesner und Bach, die sich auch in der Übernahme einer Patenschaft durch Elisabeth Charitas Gesner bei Bachs Sohn Johann August Abraham (5. November 1733) niederschlugen, konnten fortan nur noch aus der Entfernung aufrechterhalten werden.

Abschiedskantate »Wo sind meine Wunderwerke«,
Leipzig, 4. Oktober 1734, Textdruck, Titelseite

Von dem wachen Interesse Gesners für die Situation Johann
Sebastian Bachs zeugt das Eingreifen Gesners in den sogenannten Scheibe–Birnbaum–Streit, eine von Johann Adolph Scheibe
im Mai 1737 ausgelöste Debatte um Bachs Kompositionsweise,

die jener als schwülstig, überladen und undurchsichtig bezeichnet hatte. Gesner reagierte hierauf auf seine Weise: Einer 1738
gerade in Arbeit befindlichen Neuausgabe von Schriften des Fabius Quintilian fügte er unvermittelt eine Fußnote hinzu, in der
er Bachs unvergleichliche Virtuosität im Spiel von Tasteninst-
rumenten ebenso würdigt wie dessen aufopferungsvolle Bemühungen als »Nothelfer« bei Ensembledarbietungen. Die hier
zutage geförderte Dichotomie sucht in der Zeit ihresgleichen.
Gesners Fußnote wurde bemerkenswert oft beachtet und nachgedruckt und sogar ins Deutsche übersetzt.

Elisabeth Charitas Gesner starb am 25. Januar 1761, fast genau
ein Jahr nach Anna Magdalena Bach, Johann Matthias Gesner
überlebte sie um nur wenige Wochen († 3. März 1761). Gottlob
Friedrich Rothe, einst unter Bachs Ägide Alumne der Leipziger
Thomana, zuletzt Küster der Thomaskirche und bekannt als
Freund des Schriftstellers Johann Gottfried Seume (1763–1810),
nahm noch 1792 Gelegenheit, der Veröffentlichung von Gesners Biographie eine eigene Übersetzung von dessen 1738 gedruckter Fußnote beizufügen und so dessen freundschaftliche
Verbindung mit dem Thomaskantor zu dokumentieren. Daß er
die antike Kithara mit »Cither« übersetzen zu dürfen glaubt, sei
ihm für diesmal nachgesehen:

»Von Geßners menschenfreundlichem Charakter, wohlwol-
lender Güte und Freundschaft gegen Männer, die mit ihm in
kollegialischer Verbindung stunden, nicht weniger von Anerkennung und Würderung ihrer Verdienste, findet sich ein reden-
der Beweis in einer Note seines Quintilians. No. 1–3. die seinen
ehemaligen Collegen, den berühmten Johann Sebastian Bach,
Fürstl. Cöthenschen Capellmeister und Cantor der Schule zu

St. Thomas in Leipzig angeht und Geßners Herzen Ehre macht. Bey der Gelegenheit, wo Quintilian von der Geschicklichkeit und Kunst der alten Citherspieler spricht und sie bewundert, sagt Geßner in der Anmerkung: Du würdest, Fabius, das für ganz unbedeutend halten, wenn du, aus dem Grabe erweckt, das Glück hättest, Bachen (um den vorzüglich zu nennen, weil er vor nicht gar langer Zeit mein College auf der Thomasschule in Leipzig war) zu sehen, wie er mit beyden Händen und allen Fingern, entweder unser Clavecin tractiret, das gar viele Cithern allein in sich faßt, oder wie er die mächtige Orgel, deren unbeschreibliche Menge Pfeifen die Windbälge beseelen, im Manual mit der rechten und linken Hand, im Pedal aber durch den allergeschwindesten Dienst der Füße hindurchläuft, und er allein derselben, ein ganzes Heer der allerverschiedensten und unter sich harmonierenden Töne ablockt: ich sage, wenn du den Mann sehen solltest, wie er, indem er das leistet, was ein ganzer Trupp eurer Citharnötgen, und was sechshundert Pfeifer nicht zu leisten im Stande wären, nicht, wie der Citherspieler, etwan nur auf ein einziges Stück und dessen Vortrag seine Gedanken richtet, sondern wie derselbe auf das ganze Orchester die genauste Aufmerksamkeit hat, und unter 30, auch 40. Musikern, den durch ein Nicken, den andern durch ein Fußstampfen, den dritten durch einen drohenden Wink mit dem Finger, wieder auf die Mensur und in den Takt bringt – dem im Discant, einem andern im Baß, dem dritten im Alt den Ton angiebt, den er singen soll, und wie so gar ein einziger Mann, bey dem größten Lerm des Musikchors, wo er unter allen die schwerste Rolle hat, dennoch so gleich es wegbringt, wenn etwas wider die Harmonie ist und wo es steckt, wie er das ganze Chor in Ordnung erhält und überall forthilft, auch so es irgendwo hinkt, ganz allein bey allen Arten des Takts, die Harmonie wieder in den Gang bringt – wie er allein, durch sein scharfes Ohr, mit einem Ton, der aus so enger Kehle kömmt, die Stimmen aller nachgebend macht.

Ich, sonst der größte Favorit des Alterthums, bin der Meynung, daß mein lieber Bach, oder irgend etwan ein andrer seines Gleichen, einzig und allein viele Orpheus und zwanzig Arions, ausmache.«

Abtrünniger:
Johann Philipp Weichardt

Die sogenannten Gesamt-Kammerrechnungen des Herzoglichen Hofes in Weimar verzeichnen unter dem 30. April 1714 den ansehnlichen Betrag von 6 Gulden 18 Groschen für drei »verschriebene« Diskantisten: Johannes Wippler, Adam Westhoff und Johann Philipp Weichardt. Welche musikalischen Aufgaben den drei Knaben übertragen worden waren, deren Erscheinen wie ein Vorgriff auf Mozarts »Zauberflöte« wirkt, und wie lange sie sich in der Residenz aufgehalten hatten, bleibt unbekannt. Nur einem von ihnen war eine Eingliederung in die Hofkapelle vergönnt: Johann Philipp Weichardt. Schon am 17. Mai 1714 wurde er in das kurz zuvor gegründete Wilhelm-Ernst-Gymnasium aufgenommen, und in einer etwas späteren, wohl bald nach dem Tod des bisherigen Hofkantors Christoph Alt (10. Februar 1715) angefertigten Aufstellung über »Die Gesamten Fürstlichen Dienere, in hiesiger Residenz« finden sich sowohl der »*Concert*meister und Hof*organist* Johann Sebastian Bach« (Nr. 29) als auch zwei *Discantist*en namens Weichard und [Johann Christian] Gerrmann (Nr. 34 und 35), der erstere mit dem Zusatz »geht mit an Freytisch«, was die Teilhabe an einer von Herzog Wilhelm Ernst gestifteten freien Verpflegung bedeutet und einen nicht gering zu schätzenden geldwerten Vorteil.

Näheres über den solchergestalt Bevorzugten verrät ein wohl auf autobiographischen Mitteilungen beruhender Artikel in

Johann Gottfried Walthers *Musicalischem Lexicon* von 1732, der kaum verändert noch 1747 in dem berühmten *Universal Lexicon* des Verlegers Johann Heinrich Zedler wiederkehrt:

»Weichardt (Johann Philipp) ist gebohren an. 1699 in Bößleben, einem bei Arnstadt liegenden Dorffe, im 15ten Jahre seines Alters in die hiesige Capelle als Discantiste gekommen, auch in solcher, als Altiste, biß an. 1729 geblieben. Er hat zu Jena *Jura* studiret, und von dar aus Sonn- und Fest-täglich sein Amt verrichtet; jetzo stehet er bey dem Hrn. Marggraffen zu Anspach, als Hofraths-Cantzelliste und Altiste in Diensten. Der *ambitus* seiner Stimme erstrecket sich auf 2 *Octaven*.«

Weichardt (Johann Philipp) ist gebohren an. 1699 in Bößleben, einem bey Arnstadt liegenden Dorffe,im 15ten Jahre seines Alters in die hiesige Capelle als Discantiste gekommen, auch in solcher, als Altiste, biß an.1729 geblieben. Er hat zu Jena Jura studiret, und von dar aus Sonn=und Fest=täglich sein Amt verrich=tet; jetzo stehet er bey dem Hrn. Marg=graffen zu Anspach, als Hofraths=Cantzel=liste und Altiste in Diensten. Der ambitus seiner Stimme erstrecket sich auf 2 Octaven.

J. G. Walther, *Musicalisches Lexicon*, Leipzig 1732

Wenig ist diesen relativ präzisen Angaben hinzuzufügen. Geboren ist Johann Philipp Weichardt in Bösleben am 14. August 1698 als Sohn eines gleichnamigen Vaters. Den Zeitpunkt seiner Aufnahme in die Weimarer Hofkapelle »im 15ten Jahre seines Alters« bestätigt indirekt die Tatsache, daß sein Name in zwei einschlägigen Verzeichnissen über Anwesende und Mitwirkende bei der Einweihung der Jakobskirche (6. November 1713) sowie über die Teilnehmer an der Vorstellung von zwei Hofmarschällen (6. April 1714) noch nicht auftaucht. Gleichsam ex officio mitgewirkt haben wird Weichardt bei einer *Cantata* der sämtlichen Gymnasiasten, die anläßlich der Einweihung des baulich fertiggestellten Gymnasiums am 54. Geburtstag des Herzogs Wilhelm Ernst (30. Oktober 1716) dargeboten wurde. Als ebendieser Herzog am 25. Januar 1719 allen Mitgliedern der Hofkapelle bei Strafe verbot, ohne seine ausdrückliche Genehmigung bei Musikaufführungen mitzuwirken (was auf eine Beschränkung der Befugnisse seines pro forma gleichberechtigt mitregierenden Neffen Herzog Ernst August hinauslief), und sie zu unbedingtem Gehorsam verpflichtete, dürfte dieser Kelch auch an Johann Philipp Weichardt nicht vorübergegangen sein. Tangiert haben wird ihn dies nicht unbedingt, denn wenig später erfolgte seine Immatrikulation an der Universität Jena (12. Juni 1719). Auf welche Weise er in der Folgezeit jahraus jahrein die etwa zwanzig Kilometer lange Wegstecke zwischen Jena und Weimar bewältigte, um an Sonn- und Festtagen bei den Aufführungen in der Schloßkirche mitzuwirken, ist nicht bekannt.

Gern wüßten wir, wie die »sonn- und festtäglichen« Amtsverrichtungen Weichardts sich in den Jahren zwischen Mai 1714 und November 1717 gestalteten, als jener im Kreise der »Capell *Musici*« auch bei den neuen (Kirchen-)Stücken mitgewirkt haben muß, die der Hoforganist und Konzertmeister Johann Sebastian Bach entsprechend einer am 2. März 1714 ergangenen herzoglichen Anordnung zu komponieren hatte. Als Sopran-Solist hätte Weichardt sich etwa der scheinbar ausweglosen

Klagen in der Arie »Seufzer, Tränen, Kummer, Not« aus der Mitte Juni 1714 aufgeführten Kantate »Ich hatte viel Bekümmernis« widmen, oder aber sich Ende 1715 an der Bewältigung der schier endlosen Sechzehntelgirlanden in dem nahezu zwei Oktaven Stimmumfang erfordernden Eingangssatz der Kantate »Bereitet die Wege, bereitet die Bahn« versuchen können. Vielleicht war er im letztgenannten Jahr jedoch schon in die Altlage gewechselt, so daß ihm in derselben Kantate die Arie »Christi Glieder, ach bedenket« zugefallen wäre. Belege für eine Beteiligung Johann Philipp Weichardts am Ausschreiben der Aufführungsstimmen zu Bachs Weimarer Kantaten haben sich bisher nicht finden lassen (ausgenommen die freilich vage Möglichkeit, daß in der Kantate »Barmherziges Herze der ewigen Liebe« am Schluß der Alto-Stimme eine kleinere Ergänzung von seiner Hand stammt), so daß sich von daher keine zusätzlichen Überlegungen in Hinsicht auf die Zuteilung musikalischer Aufgaben anstellen lassen.

Zu berücksichtigen wäre darüber hinaus, daß Weichardt nicht der einzige Diskantist der Weimarer Hofkapelle war; die Besoldungslisten, soweit erhalten, verzeichnen zumeist zwei Namen. Schon zu Beginn von Bachs zweiter Weimarer Zeit, speziell in den Jahren 1709/10, finden sich in einer Steuerliste die Namen von zwei Diskantisten: Romstedt, wohl einem gebürtigen Thüringer, sowie Wüstendörffer, vielleicht identisch mit dem 1707 an der Universität Jena eingeschriebenen Michael Wüstendörfer aus Langenzenn sowie dem 1723 in Ansbach nachweisbaren gleichnamigen Stadtkantor. Zu beachten bleibt auch, daß in den fraglichen Jahren gelegentlich Sänger in Weichardts Stimmlage von außerhalb engagiert worden sind.

So erhielt ein nicht namentlich genannter Sopranist am 1. Mai 1715 einen Gulden für die Mitwirkung an einer am Vortag dargebotenen Tafelmusik anläßlich des Besuchs des Herzogs Friedrich II. von Sachsen-Gotha. Ein Altist namens Johann Samuel Staude kam aus Sondershausen, um am 31. Oktober 1717 bei der Festmusik anläßlich der 200-Jahr-Feier der Reformation tätig zu werden; ihm wurden 6 Gulden 18 Groschen für Reise- und Zehrungskosten vergütet. Sein Name findet sich, verbunden mit der Herkunft aus Heldrungen, schon am 26. Juli 1695 in der Jenaer Universitätsmatrikel; mithin wird es sich um einen Falsettisten im Erwachsenenalter gehandelt haben.

Als Herzog Wilhelm Ernst am 26. August 1728 das Zeitliche gesegnet hatte, mußten wie in solchen Fällen üblich alle vom Hof Abhängigen auf Wiederanstellung und Weiterbeschäftigung bei dem neuen Regenten hoffen. Einer Verbesserung der Aussichten sollte wohl auch die folgende handschriftlich eingereichte Huldigung dienen: »Dem Durchlauchtigsten Fürsten und Herrn HERRN Ernst Augusten Hertzogen zu Sachsen, Jülich, Cleve und Berg ... Seinem bisshero Mit-Regierenden Gnädigsten LandesFürsten Vater und Herrn Wolte Zu Dero mit hohen Seegen angetretenen völligen Regierung in tieffster Unterthänigkeit gratuliren J. P. Weichardt.« Doch die Welle der hauptsächlich wirkliche und auch scheinbare Parteigänger des verstorbenen Herzogs betreffenden Entlassungen und der mehr oder minder freiwilligen Abwanderungen machte auch vor dem Verfasser dieser Grußadresse nicht halt. Schon einen Monat nach dem Regierungswechsel hatte mit Theodor Benedikt Bormann (1670–1749) jener Hofsekretär seine Stellung verloren, der Ende 1717 die Arretierung und ungnädige Entlassung

Johann Sebastian Bachs in seinen Notizen festgehalten hatte. Bormann fand einige Jahre später eine neue Anstellung am Hof zu Schwarzburg-Rudolstadt. Dort war bereits August Gottfried Denstedt tätig, ehedem langjähriges Mitglied der Weimarer Hofkapelle und nunmehr fürstlicher Regierungssekretär in Rudolstadt. Ihn hatte Herzog Ernst August 1719 grundlos verhaften lassen, um einem Parteigänger seines verhaßten Oheims Wilhelm Ernst zu schaden. Der Hoforganist und Bach-Schüler Johann Caspar Vogler (1696–1763) versuchte 1729 gleichfalls Weimar zu verlassen und nutzte dazu die mehrmonatige Abwesenheit des verreisten Herzogs, doch seine Leipziger Bewerbung im Dezember scheiterte, und eine Fahrt nach Görlitz, wo eine weitere attraktive Organistenstelle neu zu besetzen war, fiel dem Winterwetter zum Opfer.

Der prominenteste Weimar-Exulant im Jahre 1729 war zweifellos der Konrektor des Gymnasiums und Bibliothekar Johann Matthias Gesner. Johann Philipp Weichardt befand sich also in guter Gesellschaft, als auch er 1729 Weimar den Rücken kehrte. Eineinhalb Jahrzehnte lang hatte er hier unter der Ägide der Kapellmeister Johann Samuel Drese († 1716) und dessen Sohn Johann Wilhelm (1677–1745) sowie von 1714 bis 1717 in Kompositionen des Konzertmeisters und Hoforganisten Johann Sebastian Bach seinen musikalischen Beitrag leisten können. Was seinen Weggang letzten Endes veranlaßt hat, bleibt unbekannt; vielleicht gab es Vermutungen, daß die Hofkapelle verkleinert oder sogar ganz aufgelöst werden könnte, vielleicht war trotz des absolvierten Studiums mit einem baldigen Avancement nicht zu rechnen, oder aber Weichardt galt wie manch anderer als Parteigänger des verstorbenen Herzogs und war daher unter den neuen Verhältnissen nicht mehr »tragbar«.

In Ansbacher Bestallungsunterlagen und Taufeinträgen seiner Kinder (Weichardt war mittlerweile mit Catharina Elisabetha geb. Frobenius verheiratet) erscheint Johann Philipp Weichardt als »Altist, nun Hofrats-Kanzlist« (1729) und »Hofrathscanzlist und Hofmusicus« (1731). 1735 erhielt er das Prädikat Registrator, und von 1737 bis 1745 verzeichnen die Ansbacher Adreßkalender ihn als »Hofrats-Registrator und Kammermusikus«.

Die Namen seiner neuen Kapellkollegen überliefert in der frühesten derzeit erreichbaren Version der Ansbacher Adreßkalender von 1737:

Georg Heinrich Bümler [1669–1745], Capellmeister
Johann Weidling [† 1746, begr. 27. IV., 78 J.],
    Cammermusicus
Johann Hermann Köhler [*1686, † 16. IV. 1740], Hoforganist
Johann Georg Voigt [d. Ä., † 1766, begr. 7. XI., 77 J.],
    Geheimer Registrator und Hautboist [ausgeschieden
    1741]
Johann August Bomhard [*3. IV. 1687, † 25. IV. 1758],
    Secretarius und Musicus
Georg Andreas Bomhard [*13. IX. 1684, † 10. XI. 1736],
    Cammermusicus und Stadtorganist
Johann Friedrich Mayer [*1704, † 1760, begr. 2. XI.],
    Cammermusicus und [2.] Capellmeister
Johann Friedrich Hummel [d. Ä., † 1764, begr. 2. XII., 82 J.],
    Cammermusicus
Johann Ludwig Keßler [Kießler; 1694–1772],
    Cammermusicus

Albrecht Ernst Wieder [† 1748, begr. 3. VII., 60 J.], Hautboist
[Johann Martin] Carl [* 1697, † 24. IV. 1739],
Cammermusicus
Hans Conrad Arzt [† 1747, begr. 28. VII., 60 J.],
Cammermusicus
[Johann Friedrich] Hummel [d. J., † 1764, begr. 7. XII., 52 J.],
Cammermusicus
Johann Leonhard [Adam] Kret[z]er [† 1769, begr. 21. III., 77
J.], Hautboist
Johann Leonhard Faßen [Faaß; † 1746, begr. 2. II., 54 J.],
Bassist
Georg Justin Dell [† 1766, begr. 24. III., 71 J.], Hofkantor.

»Die Herren Virtuosen in Anspach, Eisenach u[nd] hier, haben
mich mit ihren Lebens-Umständen auch beehret«, berichtete
Johann Sebastian Bachs Vetter, der Weimarer Stadtorganist Jo-
hann Gottfried Walther, am 6. Februar 1730 seinem Brieffreund
Heinrich Bokemeyer in Wolfenbüttel und zielte damit auf den
Fortgang der Arbeit an seinem geplanten *Musicalischen Lexicon*.
Hinsichtlich der »Herren Virtuosen in Anspach« wird Johann
Philipp Weichardt als Vermittler aufgetreten sein und das ge-
sammelte Material nach Weimar geschickt haben. Blieb eine
Anfrage Weichardts bei Georg Heinrich Bümler auch ohne Erfolg, wie Walthers Brief vom 15. November 1734 wissen läßt, so
kamen doch – neben den an anderer Stelle anzuführenden Daten zu Johann Martin Carl – die folgenden Originalbeiträge dem
1732 erschienenen Lexikon zugute.

»Kießler (Johann Ludwig) gebohren in Berlin an. 1694, hat
erstlich dem Könige in Preussen in dem letztern Schwedischen

Ausschnitt aus dem Deckengemälde des Festsaals der Residenz Ansbach, Carlo Carlone, 1734.

Kriege sieben Jahr lang als Hoboiste gedienet, und hierauf bey dem Marggraf Philippen von Brandenburg 1 und einhalb Jahr als *Musicus* gestanden; nachhero ist er allhier zu Weimar in Ihro Hochfl. Durchl. Hertzog Ernst August Dienste 3 Jahr getreten, weiter in des höchstseeligen Hrn. Marggrafens zu Anspach Capelle, als Cammer-*Musicus* und *Fagotti*ste beruffen, und endlich von dem jetzigen Hrn. Marggrafen daselbst in dieser *qualität* angenommen worden.«

»Köhler (Johann Hermann) gebohren in Anspach an. 1686 hat sich anfänglich bey *Signr. Torelli* auf der Violin *qualificirt* gemacht, und hierauf Venedig, Rom und Neapolis besehen; stehet jetzo als Cammer-*Registrator* und *Premier-Violini*st in Margräflich Anspachischen Diensten.«

»Meyer (Johann Friedrich) gebohren in Anspach an. 1704, ist ein Scholar des dasigen berühmten Capellmeisters, Herrn Bümlers, mit welchem er auch eine zeitlang in Italien gewesen, stehet an erstgedachtem Orte, als Baßiste, jetzo in Diensten; spielet das Clavier, und verstehet auch die Composition, wie er denn verschiedene Partien verfertiget hat.«

Im wesentlichen sind die Angaben über die Vorgenannten glaubwürdig und lassen sich durch zusätzliche Daten bestätigen. So ist für Johann Hermann Köhler eine Anstellung in Ansbach bereits 1705 nachzuweisen, und auch 1723 erscheint sein Name unter den Musikern, die im Zusammenhang mit den Trauerfeierlichkeiten für Markgraf Wilhelm Friedrich genannt werden. Johann Friedrich Meyer war nicht nur Georg Heinrich Bümlers Schüler und Reisebegleiter, er wurde auch 1745 dessen Nachfolger. Problematisch erscheint demgegenüber die Schilderung der Vita des geborenen Berliners Johann Ludwig Kießler. Mit dem »König in Preußen« ist Friedrich I. (1657–1713) gemeint, der sich allerdings in Ermangelung geeigneter Truppen und ausreichender Geldmittel aus dem »Nordischen Krieg« nach Kräften heraushalten mußte. Kießlers Hoboistentätigkeit ließe sich demnach allenfalls als »in der Zeit des von Schweden geführten Krieges« absolviert vorstellen. Bei Markgraf Philipp Wilhelm von Brandenburg-Schwedt handelt es sich um den 1669 geborenen ältesten Sohn des »Großen Kurfürsten« aus dessen zweiter Ehe mit Dorothea von Holstein-Glücksburg (1636–1689), also einen Halbbruder des »Königs in Preußen«.

Der jüngste Bruder des genannten Philipp Wilhelm hieß Christian Ludwig von Brandenburg (1677–1734); er ist als Widmungsempfänger von Johann Sebastian Bachs »Concerts avec plusieurs Instruments«, den nachmals so genannten Brandenburgischen Konzerten, in die Musikgeschichte eingegangen. Markgraf Philipp Wilhelm starb bereits am 19. Dezember 1711,

mithin wäre der späteste Termin für einen Dienstantritt Kießlers um die Jahresmitte 1710 anzusetzen. Die sieben Jahre als
Hoboist des »Königs in Preußen« müßte Kießler demzufolge
als »Kindersoldat« im Alter von kaum zehn Jahren begonnen
haben, was kaum glaubhaft erscheint. Wann er bei Herzog Ernst
August von Sachsen-Weimar tätig wurde und ob er dort Johann
Sebastian Bach begegnet sein kann, bleibt weiter zu untersu-
chen. 1723 ist Kießler immerhin in Ansbach nachzuweisen, hatte also tatsächlich »in des höchstseeligen Hrn. Marggrafens
[Wilhelm Friedrich] zu Anspach Capelle« Dienste getan.

Johann Philipp Weichardt, der als Heranwachsender einige
Jahre in der Nähe des Weimarer Hoforganisten und Konzertmeisters Johann Sebastian Bach verbracht hatte und ab 1729
manche von den hier gesammelten Erfahrungen an seine Ansbacher Kapellkollegen weitergereicht haben mag, gab um 1745
aus noch unbekannten Gründen seine Stelle in Ansbach auf,
nachdem er in den letzten beiden Jahren mit dem ehemaligen
Thomanerpräfekten Maximilian Nagel noch einen profunden
Mitarbeiter Bachs als neues Ensemblemitglied hatte begrüßen
können. Sein Weg führte ihn nach Weilburg/Lahn, wo möglicherweise Verwandte ansässig waren. Ein spätes Lebenszeichen
ist ein Schreiben vom 9. Februar 1754 an den Hofkanzler Heinrich Hieronymus von Hinckeldey (1720–1805), der mit Unter-
brechungen 1750 bis 1783 in den Diensten des Fürsten Carl Thomas zu Löwenstein-Wertheim-Rochefort stand. Weichardt
hatte eine Kopie der »hiesigen Policey-Ordnung« liefern sollen,
die umfangreiche Schreibarbeit jedoch aus Kostengründen von
seinem Sohn erledigen lassen und das Resultat nur nachträglich korrigiert. Ein gewisser Gottfried Dombois, Schwager des

Herrn von Hinckeldey, hatte daraufhin den vereinbarten Zahl-
betrag nennenswert reduziert. Zwei Jahre später, am 8. Juni 1756,
ist Johann Philipp Weichardt im Zusammenhang mit der Kon-
firmation seines am 9. Mai 1742 in Ansbach geborenen Sohnes
Johann Christoph nochmals in Weilburg belegt. Ob Weilburg
die letzte Lebensstation Weichardts war, ob er hier zeitweilig in
der Hofkapelle (über die nur wenig Material vorliegt) tätig sein
konnte, bleibt unbekannt. Ende des 18. Jahrhunderts ist in
Weilburg eine Familie Weychardt vorzufinden, die im folgenden Jahrhundert sogar einen aus »kleinen Verhältnissen« gekommenen Bürgermeister stellte, doch ist ein Zusammenhang
mit Johann Philipp Weichardt bislang nicht zu erweisen und so
verliert sich dessen Spur im dunkeln.

Weltverbesserer:
Lorenz Christoph Mizler

Eine stichwortartige Charakteristik von Lorenz Christoph Mizlers Lebensleistung hätte sich auf jeden Fall geläufiger Bezeich-
nungen für unternehmerische Qualitäten zu bedienen wie
Tatkraft, Zielstrebigkeit, Wagemut und Organisationstalent.
Inwieweit Tugenden dieser Art ihm schon in die Wiege gelegt
worden sind, oder doch eher dem Bereich erworbener Eigen-
schaften zuzurechnen sind, muß freilich dahingestellt bleiben.
Einige Anhaltspunkte liefert immerhin die kurze Selbstbiogra-
phie des 28jährigen, die jener 1739 in das bei Johann Heinrich
Zedler in Leipzig erschienene *Große vollständige Universal Lexicon*
zu lancieren gewußt hatte und die er – möglicherweise unauf-
gefordert – wenig später in erweiterter Form Johann Mattheson
in Hamburg für dessen *Grundlage einer* [musikalischen] *Ehren-
Pforte* zukommen ließ, solchergestalt als jüngster – vom Herausgeber allerdings kritisch beäugter – Fachgenosse den neueröff-
neten Ehrentempel bevölkernd. Manches hier Gesagte bedarf
freilich weiterer Präzisierung.

So nennt die Autobiographie den 25. Juli 1711 als Geburtstag
und deutet anschließend auf die Tätigkeit des Vaters als Amt-
mann in Wettelsheim an der Altmühl, woraus zu schließen ist,
daß Lorenz Christoph Mizler seine Kinderjahre dort verlebt haben wird. Erst später und eher beiläufig wird der – zwischen
Wassertrüdingen und Treuchtlingen gelegene, zum Ansbacher
Territorium gehörende – Ort Heidenheim als vorhergehende

Wirkungsstätte des Vaters genannt, und in der Tat bestätigt das Kirchenbuch (allerdings unter dem 26. Juli 1711) die hier erfolgte Geburt Mizlers.

Die offenbar gutdotierte Stellung Johann Georg Mizlers in Wettelsheim ermöglichte eine erste Ausbildung des Sohnes durch einen Privatlehrer, den die Autobiographie als Diakon »N. Müller, dermahlen Prediger zu Ober-Sultzbach« bezeichnet. Gemeint ist Johann Christoph Müller (1687–1749), der von 1718 an bis zu seinem Wechsel nach Obersulzbach (1726) in Degersheim bei Heidenheim tätig war. Dort, in unmittelbarer Nähe seines Geburtsortes, jedoch getrennt von der übrigen Familie, wird der Sohn demnach den Privatunterricht genossen haben. Mit 13 Jahren will er in das Ansbacher Gymnasium eingetreten sein; infolge des Verlustes der Matrikel läßt sich der Zeitpunkt nicht exakt angeben. Als Rektoren nennt Mizler nur den vor dem Wechsel an die Leipziger Thomana kurzzeitig (1729/30) in Ansbach tätigen Johann Matthias Gesner (1691–1761) sowie dessen Nachfolger Georg Ludwig Oeder (1694–1760, Rektor bis 1737), nicht jedoch beider Vorgänger Johann Georg Christoph Feuerlein (1677–1748, Rektor ab 1718), unter dessen Ägide er den größeren Teil seiner Gymnasiastenzeit verbracht hatte.

Für die musikalische Ausbildung sorgten in Ansbach »der Musik-Director, Ehrmann«, »welcher ihm die Anfangsgründe im Singen und auf dem Clavier gezeigt hat«, sowie der »Hochfürstl. Kammermusikant und Violinist, Carl«, von dem er »die Concertvioline verschiedene Jahre hindurch erlernet«. Johann Samuel Ehrmann (1696–1749) wurde am 17. Februar 1725 zum Stadt- und Stiftskantor berufen, wechselte später jedoch in die offenbar einträglichere Pfarrstelle im nördlich von Bamberg gelegenen Gundelsheim. Über Mizlers Geigenlehrer berichtet Johann Gottfried Walthers *Musicalisches Lexicon* (1732), wohl unter Benutzung einiger durch Johann Philipp Weichardt nach Weimar vermittelten Angaben:

»Carl (Johann Martin) gebohren in Walchenfeld ohnweit Bamberg an. 1697, hat mit einem vornehmen *Ministre* eine Reise nach Franckreich und Holland gethan, und daselbst die besten *Maîtres* auf der *Violin* gehöret; steht jetzo seit etlichen Jahren als *Violinist* in Marggräflich-Anspachischen Diensten, und *tracti*ret auch die *Flûte traversiere.*«

Carl [Johann Martin] gebohren in Walchenfeld ohnweit Bamberg an. 1697 hat mit einem vornehmen Miniſtre eine Reiſe nach Franckreich und Holland gethan, und daſelbſt die beſten Maîtres auf der Violin gehöret; ſiehet jetzo ſeit etlichen Jahren als Violiniſt in Marggräflich-Anſpachiſchen Dienſten, und tracti. ret auch die Flûte traverſiere.

J. G. Walther, *Musicalisches Lexicon*, Leipzig 1732, S. 142

Zu fragen bleibt, ob Mizler von Kantor Ehrmann tatsächlich nur »Anfangsgründe« vermittelt bekam, und ob Johann Martin Carl (1697–1739) ihm ausschließlich Violinunterricht erteilt oder vielleicht doch auch eine Grundlage für das Querflötenspiel geliefert hat, das Mizler jedoch als Autodidakt erlernt haben will.

Im Verlauf von fünfeinhalb Jahren – beginnend mit der Übersiedelung von Ansbach nach Leipzig und der Inskription an der Alma Mater Lipsiensis am 30. April 1731 – absolvierte

Mizler an mehreren Universitäten eine Art Studium generale an allen vier Fakultäten, so daß er wie später Goethes Dr. Faust hätte behaupten können, er habe (wenngleich in anderer Reihenfolge als jener) »nun, ach! Philosophie, Juristerei und Medizin und, leider! auch Theologie durchaus studiert, mit heißem Bemühn«. Seine akademischen Lehrer in Leipzig zählt die Autobiographie in wünschenswerter Vollständigkeit – wenn auch lediglich mit ihren Zunamen – auf: Im Fach Theologie Heinrich Klausing (1675–1745), Salomon Deyling (1677–1755), Johann Gottlob Pfeiffer (1667–1740), Johann Christian Hebenstreit (1686–1756) und Christoph Wolle (1700–1761), im Fach Hebräisch Christian Weiß d. J. (1703–1743) und Karl Gottlob Sperbach (1694–1772), in den Schönen Wissenschaften Johann Matthias Gesner (1691–1761) und Johann Erhard Kapp (1696–1756), in Mathematik Christian August Hausen (1693–1743) und Georg Friedrich Richter (1691–1742), in Physik Johann Christian Lehmann (1675–1739), in Philosophie August Friedrich Müller (1684–1761) und Friedrich Wilhelm Stübner (1710–1736) sowie in der Poesie Johann Christoph Gottsched (1700–1766). Außer Hausen, Sperbach, Stübner und – mutatis mutandis – Pfeiffer sind alle Genannten im engeren oder weiteren Umfeld Johann Sebastian Bachs anzutreffen. Zur Zeit von Goethes Ankunft in Leipzig hatten sie mit Ausnahme von Sperbach und Gottsched jedoch samt und sonders bereits das Zeitliche gesegnet.

Bei Klausing – in dessen Haus Mizler nach eigener Angabe ein Jahr lang wohnte – handelt es sich um den ältesten Sohn eines Orgelbauers aus dem westfälischen Herford. Ob dies für ein musisches Klima sorgte und Mizler im Hause des nachmaligen Rektors etwa privatim vor Zuhörern musizieren konnte, wissen wir freilich nicht. August Friedrich Müller, der Widmungsempfänger der Bach-Kantate vom »Zufriedengestellten Äolus«, zählte zu den beliebtesten Professoren der Leipziger Alma mater und erfreute sich einer breiten Zuhörerschaft; sein Vortrag soll so klar und deutlich gewesen sein, daß es hieß, wer ihn nicht verstehen könne, könne überhaupt nichts verstehen. Besonders eng war ersichtlich Mizlers Bindung an seinen Landsmann Johann Matthias Gesner von dem er am 7. Mai 1731 ein glänzendes Zeugnis erhielt.

Ob der junge Studiosus in Leipzig das geschilderte Mammutprogramm – Lehrveranstaltungen von 15 Professoren – in der ihm zur Verfügung stehenden relativ kurzen Zeit ohne Abstriche zu absolvieren vermochte, läßt sich nicht sagen. Angeblich waren ihm nur 18 Monate, die Zeit von Mai 1731 bis einschließlich Oktober 1732, zu unbeeinträchtigter Arbeit vergönnt. Danach sei er neun Wochen – wohl von Anfang November 1732 bis Jahresanfang 1733 – lebensgefährlich krank gewesen und anschließend, ärztlichem Rat folgend, zwecks Luftveränderung in das fränkische Altdorf gewechselt; hier ließ er sich am 19. Januar 1733 an der Universität einschreiben. Der Wiederaufnahme der Studien sowie einer Probepredigt in Ansbach als Abschluß der theologischen Ausbildung und zugleich Abschied von einer (ehemals geplanten) Theologenlaufbahn folgte nach einigen Monaten die Rückkehr nach Leipzig. Hier erwarb Mizler am 12. Dezember 1733 das Baccalaureat und ein halbes Jahr später den Magistergrad mit seiner *Dissertatio Quod Musica Ars sit Pars Eruditionis Philosophicae* (30. Juni 1734).

Wohl wegen der nicht eben glanzvoll verlaufenen Präsentation reiste er umgehend wieder nach dem Süden (»ins Reich«), kehrte dann nach Leipzig zurück und beschloß, auch noch Jura und sowie Medizin zu studieren. Ungeachtet des guten Rufs der Leipziger Juristenfakultät ging er zu diesem Zweck nach Wittenberg und ließ sich hier am 22. März 1735 inskribieren. Spätestens Ende September 1736 will er wieder nach Leipzig zurückgekommen sein. Nach insgesamt fünf Jahren und fünf Monaten hatte Mizler sein Studium endlich abgeschlossen und konnte einen Beruf ergreifen. Im Jahre 1738 soll sein Vetter Johann Friedrich, der am 29. März 1725 in Wassertrüdingen geborene Sohn seines dort als Dechant tätigen Oheims Stephan Andreas Mizler (1671–1730), nach Leipzig gekommen sein und zwei Jahre lang die Thomasschule besucht haben, ehe er 1740 auf das Gymnasium Ansbach und noch später zur Universität Jena wechselte. Die Externenmatrikel der Thomana enthält allerdings keinen bestätigenden Eintrag.

Zur Frage von Mizlers musikalischer Ausbildung in Leipzig liefert die Autobiographie lediglich vage Auskünfte:»In der Composition hat er sich durch Lesung guter Bücher; Anhörung guter Musiken; Durchsehung vieler Partituren von guten Meistern, und auch durch den Umgang mit dem Capellmeister Bach festgesetzet«, auch habe er besonderen Nutzen aus den »Schrifften des berühmten Capellmeisters Mattheson« gezogen. In der Zueignung seiner Dissertation (1734) schreibt Mizler dagegen dezidiert:»Auch bediente ich mich mit großem Nutzen Deiner Anweisung in der praktischen Musik, hochberühmter Bach, und bedaure, daß ich sie nicht weiter genießen darf« (Original lateinisch). Vier Jahre später erwähnt Mizler in seiner *Musikalischen Bibliothek* den Herrn Capellmeister Bach,»den ich unter meine guten Freunde und Gönner zu zehlen die Ehre habe«.

Und noch in einem Zusatz zu dessen Nachruf beruft Mizler sich auf Bachs Freundschaft sowie den bei ihm genossenen Unterricht. Von einer – eigentlich naheliegenden – Mitwirkung Mizlers im »Bachischen Collegium musicum« ist in keinem Dokument die Rede.

Mit großem Enthusiasmus, der nicht selten in Aktionismus auszuarten drohte, versuchte Mizler – dem Zeitgeist und insbesondere Anregungen Gottscheds folgend – eine Entwicklung zum Besseren und Vollkommeneren in Gang zu setzen. Die maßgebende Möglichkeit für die Erkenntnis der Welt (*Cognitio mundi*) sah er – darin Joachim Jungius (Hamburg 1629) und Descartes (Leyden 1637) folgend – im »Erfassen der zahlenmäßigen Verhältnisse, die in ihr herrschen«. Seine Belesenheit in so verschiedenen Disziplinen wie Musik, Theologie, Philosophie, Ästhetik, Naturwissenschaft und Medizin bestärkte ihn im Glauben an die Richtigkeit der Lehren von Christian Wolff und Leibniz, daß allein die Mathematik das einigende Band zwischen den heterogenen Lehrgebäuden herstellen könne.

In seinen Anschauungen glaubte Mizler sich sowohl Gottsched als auch Bach nahe, doch dürften beide ihm ihrerseits fern gestanden haben. Als Theoretiker war Mizler getreuer Gefolgsmann Gottscheds, als Komponist – soweit als solcher nachweisbar – stand er Bach denkbar fern. Sein Konkurrent Johann Adolph Scheibe stand als Theoretiker Gottsched gleichfalls nahe, Bach dagegen fern (wie sein berühmter Angriff im *Critischen Musikus* vom 14. Mai 1737 zeigt); als Komponist stand er immerhin – jedenfalls in seinen früheren Werken – Bach weitaus näher als Lorenz Mizler.

Im Blick auf die Rolle der Mathematik und ihren Konnex

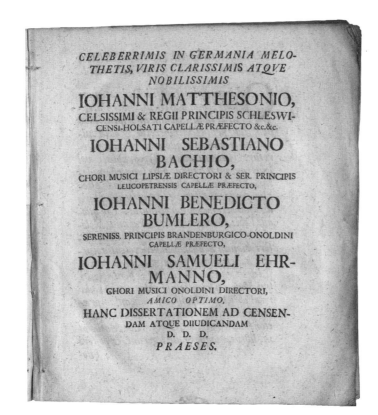

Lorenz Christoph Mizler, Widmung der Dissertation, Leipzig,
30. Juni 1734. Unter den Widmungsempfängern: Mizlers Ansbacher
Lehrer Johann Benedict (Georg Heinrich) Bümler

zu allen Facetten der Weltweisheit ist zu beobachten, daß das
Messen und Rechnen in den Texten der *Musikalischen Bibliothek*
grundsätzlich nur die ohnehin traditionell mit mathematischen
Verfahren verbundenen Bereiche berührt: Intervall- und Stim-
mungsfragen, Schwingungsverhältnisse, Kontrapunktlehre, Er-

findung einer »Generalbaßmaschine«. Eine wie immer geartete
Bedeutung der Mathematik für den kompositorischen Prozeß
im eigentlichen Sinne findet sich dagegen nirgends. Über dieses Manko bewahrt die *Musikalische Bibliothek* begreiflicherwei-
se Stillschweigen, auch wenn Mizler in seiner »Sturm- und-
Drang-Periode« in der Hoffnung gelebt zu haben scheint, daß
es gelingen könnte, geheime, bislang unentdeckte Gesetze der
Kompositionskunst auf mathematischem Wege zu entschlüs-
seln. Eine 1746 formulierte Anspielung auf die bloße Möglichkeit, »daß noch unzählige Wahrheiten in der Musik versteckt
liegen«, scheint die spätere Resignation widerzuspiegeln.

Im Unterschied zu manchen seiner Zeitgenossen, die es im
Blick auf musikalische Wissenschaft und Praxis oftmals mit einer Zustandsbeschreibung bewenden ließen, sah der 1736 gerade 25jährige Mizler sich augenscheinlich veranlaßt, selbst in
die Speichen zu greifen und für Vorwärtsbewegung zu sorgen.
Der ersichtliche Nachholbedarf mag ihn dazu gebracht haben,
möglichst alles gleichzeitig anzupacken. Über das Ziel war er
sich schon früh im klaren; nicht unbedingt vom Inhalt her,
doch zumindest in der Formulierung ihres Titels benennt es seine Dissertation, speziell in der verbesserten Auflage von 1736:
Dissertatio Quod Musica Scientia sit et Pars Eruditionis Philosophicae.

Sein Anliegen versuchte Mizler auf verschiedenen Wegen zu
verwirklichen. So brachte er bereits im Herbst 1736 seine *Musikalische Bibliothek Oder Gründliche Nachricht, nebst unpartheyischem
Urtheil von Musikalischen Schrifften und Büchern* mit einem ersten
Teil heraus, dessen Vorrede vom 20. Oktober vermuten läßt, daß
die Vorbereitung noch in die Wittenberger Studienzeit gehört.

Mizlers Plan, diese Schrift monatlich erscheinen zu lassen,

alles und jedes aufzunehmen – Rezensionen, musiktheoretische Abhandlungen, Übersetzungen, Beschreibungen musikalischer Ensembles, Nachrufe auf Musikgelehrte, Componisten und andere kennenswerte Persönlichkeiten sowie allerlei Neuigkeiten – erwies sich schnell als unrealistisch; die sechs Teile des ersten Bandes lagen erst Ende 1738 vollständig vor, und eine weitere Vorrede räumte ein, daß die hochgesteckten Ziele hätten merklich reduziert werden müssen. Die Verzögerungen nahmen in der Folgezeit weiter zu, so daß der erste Teil des dritten Bandes erst 1746, der erste Teil des vierten Bandes sogar erst 1754 erscheinen konnten; ein noch geplanter zweiter Teil von Band IV ist offenkundig nicht mehr zum Druck gekommen. Immerhin hat die Zeitschrift sich insgesamt über 18 Jahre gehalten, das ursprünglich Vorgesehene jedoch nur zum relativ kleinen Teil erreichen können.

Neben vielen im Laufe der Jahre publizierten Erwähnungen und Würdigungen Johann Sebastian Bachs präsentiert Mizlers *Musikalische Bibliothek* in ihrem letzten Teilband neben den Nachrufen auf die Mitglieder Georg Heinrich Bümler und Gottfried Heinrich Stölzel auch denjenigen auf Johann Sebastian Bach. Wäre dessen Abdruck unterblieben – etwa wegen vorzeitiger Aufgabe der Geschäftstätigkeit oder aus finanziellen Gründen – müßte wohl auch der Text dieses sogenannten Nekrologs als verloren gelten, bedenkt man das noch zu erwähnende Schicksal anderer Teile des Mizler-Nachlasses. Die Verfasser des anonym veröffentlichten Bach-Nekrologs wurden erst durch einen Brief Carl Philipp Emanuel Bachs vom 13. Januar 1775 an Johann Nikolaus Forkel in Göttingen bekannt: es waren der zweitälteste Bach-Sohn selbst sowie der sechs Jahre jüngere

Lorenz Christoph Mizler: Musikalische Bibliothek. Erster Band.
Gesamttitel für die von 1736 bis 1738 erschienenen Teile 1 bis 6

Bach-Schüler Johann Friedrich Agricola. Im selben Brief wird auch angegeben, welchen Zusatz Mizler geliefert hat: es handelt sich um die Schlußzeilen unmittelbar vor dem »Singgedicht«, dem Text einer von Georg Venzky (Mitglied der Societät) verfaßten Trauerkantate auf Johann Sebastian Bach. Es heißt da: »In die Societät der musikalischen Wissenschaften ist er [Bach] im Jahr 1747 im Monat Junius auf Veranlassung des Hofraths Mizlers, dessen guter Freund er war, und welchem er Anleitung im Clavierspielen und in der Composition als einem noch in Leipzig Studirenden gegeben, getreten. Unser seel. Bach ließ sich zwar nicht in tiefe theoretische Betrachtungen der Musik ein, war aber desto stärcker in der Ausübung. Zur Societät hat er den Choral geliefert: Vom Himmel hoch da komm' ich her, vollständig ausgearbeitet, der hernach in Kupfer gestochen worden. Er hat auch den Tab. IV. f.16. abgestochenen Canon, solcher gleichfalls vorgelegt, und würde ohnfehlbar noch viel mehr gethan haben, wenn ihn nicht die kurze Zeit, indem er nur drey Jahre in solcher gewesen, davon abgehalten hätte.«

Dieser Zusatz war nach Meinung des Bach-Sohnes »nicht viel wehrt«: »Der seelige war, wie ich u. alle eigentlichen Musici, kein Liebhaber, von trocknem mathematischen Zeuge.«

Mizlers zweites Leipziger Vorhaben betraf die – mit Unterstützung durch den Ansbacher Hofkapellmeister Georg Heinrich Bümler (1669–1745) – bewerkstelligte Gründung der »Correspondirenden Societät der musikalischen Wissenschaften in Deutschland«. Die Tatsache der Gründung der Societät sowie die Erstfassung ihrer Gesetze sind im Jahre 1738 umgehend bekanntgemacht worden. Die Namen der Mitglieder – mit Ausnahme des Sekretärs – wurden jedoch erst 1746 verraten, zu einer Zeit, da zwei der drei Gründungsmitglieder bereits nicht mehr unter den Lebenden weilten. Wer der Ehre einer Aufnahme teilhaftig werden konnte, bestimmten die Gesetze in der Fassung von 1738 beziehungsweise 1746:

»Blosse practische Musikverständige können deswegen in dieser Societät keinen Platz finden, weil sie nicht im Stande sind, etwas zur Aufnahme und Ausbesserung der Musik beyzutragen.«

»Theoretische Musikgelehrte aber finden einen Platz bey uns, wenn sie gleich in der Ausübung nicht viel wissen, weil sie in den mathematischen Ausmessungen vieleicht was nützliches erfinden können. Die nützlichsten Mitglieder aber sind, welche in der Theorie und Praxis zugleich wohl bewandert. Die Mitglieder müssen also alle studirt und sonderlich in der Philosophie und Mathematik sich wohl umgesehen haben, es mag solches auf Akademien oder zu Hause geschehen seyn.«

Die meisten der 19 oder 20 nachweisbaren Mitglieder der Societät scheinen die zitierten Bedingungen erfüllt zu haben. Die wechselvolle Geschichte der Societät kann hier nur gestreift werden. Als Mitbegründer und Sekretär hat Mizler diese Vereinigung von Musikgelehrten (und ausnahmsweise einigen bevorzugten Praktikern, unter diesen Georg Friedrich Händel und Johann Sebastian Bach) über Jahre fast allein am Leben erhalten, durch umlaufende Sendungen, wissenschaftliche Preisaufgaben oder Kompositionsaufträge für Bewegung gesorgt und sogar seine *Musikalische Bibliothek* faktisch, wenngleich nicht nominell, in den Dienst der Societät gestellt. Genaugenommen handelte es sich bei dieser Societät um eine »virtuelle« Vereinigung, deren Mitglieder sich niemals in toto begegnen konnten, sondern nur schriftlich miteinander verkehrten. Immerhin scheint der Schriftverkehr auch dazu gedient zu haben, in der Art heutiger Akademien die Mitglieder über neue Kandidaten befinden zu lassen; die in erhaltenen Briefen verschiedentlich belegte »Sammlung der Stimmen« weist jedenfalls auf ein derartiges Zuwahlverfahren.

Der hierfür erforderliche zeitliche Vorlauf bleibt mit zu bedenken, wenn Johann Sebastian Bachs Beitritt im Juni 1747 und die Datierung seines schon 1746 von Elias Gottlob Haußmann angefertigten Porträts einander gegenübergestellt werden. Einzubeziehen ist darüber hinaus der – auf dem Porträt mit abgebildete – sechsstimmige Rätselkanon, den der Thomaskantor als Einzelblatt hatte drucken lassen und von dem er den Mitgliedern der Societät wohl Exemplare zukommen ließ. Mit Bezug auf das Societätsmitglied Christoph Gottlieb Schröter (1699–1782, Organist und Musikdirektor in Nordhausen) äußerte Mizler am 29. Juni 1748 brieflich: »Herr Schröter hat die Fuge aufgelöset, so Herr Bach der Societät gewiedmet.« Von einer Widmung weisen die beiden derzeit greifbaren Einzeldrucke des Kanons allerdings keinerlei Spuren auf.

Entsprechend den 1738 gedruckten Statuten der Societät war es das Hauptziel, »die musikalischen Wissenschaften, so wohl was die Historie anbelanget, als auch was aus der Weltweisheit, Mathematik, Redekunst und Poesie dazu gehöret, so viel als möglich ist, in vollkommenen Stand zu setzen«. Um die Musik in die Gestalt einer Wissenschaft zu bringen, sollte die »mathematische Erkenntnis in der Musik« eine zentrale Rolle spielen. Ebendieses Vorhaben rief Widerstand und Widerspruch seitens namhafter Praktiker hervor und schadete, ungeachtet des in einer 1746 vorgelegten Neufassung der Statuten zurückgenommenen Rigorismus, auf Dauer dem Ansehen der Societät, beförderte nach 1750 wohl auch ihren Niedergang. Der Affinität Mizlers zur Mathematik tat dies keinen Abbruch; bezeichnenderweise äußerte er bei Gelegenheit über den 1716 verstorbenen Hofrat Conrad Henfling, dieser sei »ohne Streit der gröste mathematisch Gelehrte, so iemahls Anspach, mein geliebtes Vaterland, hervorgebracht.«

Anders als die vorgenannten seriösen Unternehmungen erwies ein drittes Vorhaben Mizlers sich auf Dauer als Fehlschlag. Wie sein großes Vorbild Gottsched sich – nicht unbedingt zu seinem Vorteil – als Dichter präsentieren zu sollen glaubte, wagte Mizler, getreu seinem Grundsatz, daß in der Musik Theorie und Praxis nicht getrennt werden dürften, sich auch als Komponist an die Öffentlichkeit, indem er Beiträge zu der in der Zeit beliebten Gattung »Oden mit Melodien« lieferte.

Von ursprünglich sechs vorgesehenen Sammlungen kamen 1740, 1741 und 1742 drei im Selbstverlag Mizlers heraus, möglicherweise in zunächst kleinen Auflagen, die erforderlichenfalls nachgedruckt wurden. Angesichts mancher Ungereimtheiten in der Textdeklamation, verschiedener gravierender Satzfehler und der nicht sonderlich inspirierten kompositorischen Erfindung erfuhren die Oden von verschiedenen Seiten scharfe Kritik und wurden als Resultate mathematischer Kompositionsart verspottet.

Die für Mizlers Selbstverständnis wichtigste Aktivität in Leipzig war aber offenbar seine Lehrtätigkeit an der Universität. Stolz bezeichnete er sich auf der 1739 gedruckten Titelseite zu Band I der *Musikalischen Bibliothek* als »Der Weltweisheit und der freyen Künste Lehrer auf der Academie zu Leipzig / und

Lorenz Christoph Mizler: Ode »Lob der Musik« in:
Sammlung auserlesener moralischer Oden. Leipzig o.J. [1740]

der Societet der musikalischen Wissenschafften Mitglied und
Secretarius«. Ende Oktober 1736 leitete Mizler zu Semesterbeginn seine Lehrveranstaltungen mit einer nachträglich auch
gedruckten Disputation ein: *De usu ac praestantia Philosophiae in
Theologia, Jurisprudentia, Medicina breviter disserit, simulque recita-
tiones suas privatas indicat M. Laurentius Mizlerus.* Angekündigt
werden Vorlesungen in Philosophie, Griechisch, Naturrecht
und Musik, letztere über Johann Matthesons 1713 veröffentlich-
tes Buch *Das Neu-Eröffnete Orchestre.* Inwieweit das Angebotene
von den Studenten akzeptiert wurde, bleibt offen; zumindest

hatte Johann Gottfried Walther in Weimar zum Jahreswechsel 1736/37 aus Leipzig die Auskunft erhalten, Mizler sei in seine Heimat verreist und käme erst im März zurück, woraus er schloß, »daß die oben gemeldte *Collegia* ihren Fortgang nicht müßen gehabt haben«.

Sollte eine solche Zwangspause tatsächlich eingetreten sein und diese Mizler gar zu vorübergehender Flucht in die alte Heimat veranlaßt haben, so hätte ihn die mögliche negative Erfahrung doch nicht auf Dauer von seinem Vorhaben abgebracht. Jedenfalls veröffentlichte er in Teil 2 seiner *Musikalischen Bibliothek* als Vorschau einen ausführlichen »Bericht von seinen musikalischen Lehrstunden / so er dieses Jahr nach verflossener Oster-Messe in Leipzig halten wird.« Danach versiegen die Quellen plötzlich. Erst 1739 heißt es eher beiläufig, daß »Herr M. Mizler nechstens de Luthero Musico... disputiren wird« (wahrscheinlich mit Beginn des Wintersemesters 1739/40). Am 22. Oktober 1742 gibt Mizler zu Semesterbeginn wieder eine Einladungsschrift heraus, um Vorlesungen in Mathematik, Philosophie (»Wolffische Logik, Metaphysik und Ontologie«) und Musik (»Collegia über musikalische Wissenschaften«) anzukündigen. Grundlage für die Behandlung der Musik – Musikgeschichte und -theorie sowie musikalische Praxis einschließlich der Komposition – sollten einerseits Mizlers zur Ostermesse 1742 endlich erschienene Übersetzung von Johann Joseph Fux' klassischem Lehrwerk *Gradus ad Parnassum* sein, andererseits Mizlers »beinahe schon fertiggestelltes Buch« *Anfangsgründe aller musikalischen Wissenschaften nach mathematischer Lehrart abgehandelt.*

Das letztgenannte Werk ist verschollen, ebenso ein umfangreiches *Systema musicum*, von dessen möglicher Veröffentlichung 1747 die Rede ist. Immerhin bestätigt jenes spätere Vorhaben die Beobachtung, daß Mizler fortgesetzt dabei war, bestimmte Wissensfelder schrittweise zu erkunden und den jeweiligen Erkenntniszuwachs ebenso vereinzelt in Publikationen bekanntzugeben. In einem späteren Rückblick formuliert er denn auch etwas abschätzig:»In meiner Jugend habe ich außer der griechischen Sprache auch in der Weltweisheit und Mathematik auf der Akademie zu Leipzig die studierende Jugend unterrichtet, auch die Musik als mein beliebtes Nebenwerk, aus physikalischen und mathematischen Gründen zu erläutern, und Collegia darüber zu lesen« angefangen. Gleichwohl kommt Mizler das Verdienst zu, eine Verknüpfung der Musik mit der aktuellen Philosophie sowie vor allem mit naturwissenschaftlichen Methoden versucht und sich so – seiner Zeit vorauseilend – von dem verminten Terrain theologischer Argumentation wie von dem verwickelten Geflecht antikischer Spekulation ferngehalten zu haben.

Unbekannt sind die Gründe, die Mizler dazu brachten, im Frühjahr 1743 für längere Zeit seine Zelte in Leipzig abzubrechen und – zu allerdings überaus vorteilhaften Bedingungen – als Hauslehrer in die Dienste des im etwa 125 Kilometer südwestlich von Warschau in Kleinpolen gelegenen Końskie residierenden Grafen Małachowski zu treten. Denkbar wäre, daß er sich in Leipzig mit seinen vielfältigen Unternehmungen und den mit diesen verbundenen Belastungen physisch, psychisch und auch finanziell übernommen hatte, oder daß die Aussichtslosigkeit seines Hoffens auf eine Festanstellung an der Universität ihm zunehmend bewußt geworden war.

Leipzig, die Stadt, die Mizler schon in seiner Autobiographie geradezu beschwörend häufig genannt hatte, verschwand trotz des Ortswechsels nicht aus seinem Blickfeld. Die Stadt blieb Sitz der »Societät der musikalischen Wissenschaften«, auch wenn der Sekretär die Geschäfte nunmehr – nicht zur Freude aller Mitglieder – von Polen aus zu führen genötigt war. Ankündigungen von Besuchen oder sogar der endgültigen Rückkehr finden sich in Briefen vom 12. August 1743 an Georg Philipp Telemann in Hamburg sowie 8. November 1745 und 12. Dezember 1746 an den Prior des Klosters Irsee Meinrad Spieß. Im Juni 1747 berührt Mizler Leipzig zweimal, als er, von Dresden kommend, nach Erfurt reist, um dort im Blick auf seine künftige Laufbahn einen akademischen Grad im Fach Medizin zu erwerben, und bei der Rückkehr den Leipziger Thomaskantor als Mitglied für die Musikalische Societät gewinnt. Am 3. Februar 1749 ersucht er Meinrad Spieß, ihm nicht mehr nach Końskie zu schreiben, sondern nach Leipzig, »allwo ich 8 Tage nach Ostern eintreffen werde«. Am 1. März 1752 heißt es – mittlerweile aus Warschau – an denselben Adressaten: »Nach Leipzig kan ich unter zwey Jahren noch nicht zurück, u. ich habe mich hier beßer als in Leipzig.«

Ungeachtet solcher gelegentlichen Vergleiche, bei denen für Mizler Leipzig gegenüber der polnischen Provinzstadt Końskie ebenso schlechter abschneidet, wie gegenüber der Metropole Warschau, zieht es ihn doch lange Zeit an seinen einstigen Wirkungsort zurück. Ende 1748 bestürmt er – mit Blick auf den bevorstehenden Ablauf seiner sechsjährigen Verpflichtungen in Końskie – in vier Briefen seinen einstigen Gönner Gottsched, ihm in Leipzig zu einer außerordentlichen, gegebenenfalls auch unbezahlten Professur zu verhelfen. Das Alter seiner Eltern und die vorsorgliche Regelung von Erbangelegenheiten mache seine Rückkehr nach Deutschland ebenso erforderlich, wie die Absicht seiner drei Brüder, in Leipzig zu studieren, insbesondere aber der in Polen auf ihn ausgeübte Druck in Richtung auf Konversion und anschließende Verheiratung. Doch Mizler überschätzt den Einfluß Gottscheds an der Alma Mater Lipsiensis. So muß er sich mit der Vermutung trösten, daß sein Avancement durch die »calumnien einer bösen Zunge« verhindert worden sei.

Mit seinem gutgemeinten Versuch, in Leipzig Musik wieder als universitäres Lehrfach zu etablieren, ist Lorenz Christoph Mizler spätestens 1748 endgültig gescheitert. Er selbst sah in dieser Niederlage zumindest im Nachhinein keine Katastrophe, die sein mühevoll errichtetes Wissenschaftsgebäude – sofern dieses jemals zur Vollendung gelangt sein sollte – zum Einsturz gebracht hätte. Nach sechs Jahren in Końskie führte sein Weg nicht wie erhofft zurück nach Leipzig, sondern weiter nach Osten in die Hauptstadt Polens. Hier entfaltete er als Mediziner, Übersetzer, Geschichtsschreiber und Wissenschaftsorganisator eine ebenso vielgestaltige wie ertragreiche Tätigkeit im Dienste seiner Ideale von einer Besserung der Verhältnisse. Mit nie erlahmendem Eifer widmete er sich immer neuen Aufgaben und ließ sich das Scheitern so mancher Unternehmung nicht verdrießen. In vorgerückten Jahren nach unendlicher Kärrnerarbeit müde geworden, starb er am 8. Mai 1778 in Warschau. Seinen wissenschaftlichen Nachlaß scheint die Witwe teils vernichtet, teils verschleudert zu haben.

Unglücksrabe:
Maximilian Nagel

Der »Präfektenstreit«, Standardthema aller Bach-Biographien und zugleich Leipzigs bekanntester Beitrag zur Jahrhundertauseinandersetzung um den Primat von wissenschaftlich oder aber musisch akzentuierter Ausbildung, speziell an den zur Bestellung der Kirchenmusik verpflichteten Alumnatsschulen, hängt eng mit der Biographie des aus Nürnberg gebürtigen und zuletzt in Ansbach tätigen Alumnen Maximilian Nagel zusammen, ist indirekt vielleicht sogar von diesem ausgelöst worden. Dazu später mehr.

Zu den Neuerungen, die der im Sommer 1730 gegen mancherlei Widerstände an die Leipziger Thomasschule berufene Rektor Johann Matthias Gesner einführte, gehört die Anlage einer neuen Matrikel, in die die bereits anwesenden sowie die neu hinzukommenden Alumnen kurze biographische Angaben in lateinischer Sprache einzutragen hatten. Als Neuankömmling schrieb Nagel folgendes:

»Ego Maximilianus Nagel natus 1714 d. 23. Novembris Norimbergae patre Johanne Nagel Cantore Scholae Laurentianae. Receptus in contubernium Thomanum 1732 d. 12. Maij patrocinio Magnifici Senatus, pollicitus tum reliqua in formula obligationis expressa, tum mansurum me in contubernio annos IV. adscriptus eram classi primae, haec autem scripsi d. 12. Maij Ao 1732.«

Von der Herkunft aus Nürnberg über den Hinweis auf den

Vater Johann Nagel (Cantor an der Lorenzer Schule), die Aufnahme in die Gemeinschaft der Thomana, die Anerkennung der Formula obligationis und die Verpflichtung zu vierjährigem Verbleiben sowie die Aufnahme in die erste Klasse hat alles seine Richtigkeit. Falsch, entweder aus Vorsatz oder aber aus Unkenntnis, ist dagegen das angeführte Geburtsdatum: Getauft am 22. November 1712 in Nürnberg, war Nagel zwei Jahre älter als er in der Matrikel angab. Dergleichen Abweichungen kamen hin und wieder vor; seitens der Schule wurde offenbar auf eine Nachprüfung oder gar Ahndung verzichtet.

Nagels Vorfahren waren aus dem südlichen Thüringen gekommen. Der Großvater Peter Nagel war Kantor in Westhausen (Kreis Hildburghausen) sowie im etwas weiter südlich gelegenen Hellingen gewesen; in Westhausen war Johann Nagel am 27. April 1675 zur Welt gekommen, hatte ab 1700 in Sulzbach/ Oberpfalz – zwischen Nürnberg und Amberg gelegen – gewirkt und 1711 eine Lehrerstelle an der Lorenzer Schule in Nürnberg übernommen, die über ein Vikariat schließlich in die Position des Kantors an dieser Schule führte.

Johann Nagel starb im Alter von 60 Jahren und wurde am Gründonnerstag (7. April) 1735 zu Grabe getragen. Sein Sohn Maximilian hatte mittlerweile drei Viertel der versprochenen Ausbildungszeit absolviert, dürfte mit Beginn des neuen Schuljahres um Pfingsten (Ende Mai) zum Generalpräfekten avanciert sein und damit die höchste Stufe unter den Alumnen der Leipziger Thomana erklommen haben. Vermutlich in der zweiten Jahreshälfte 1735 kam sein älterer Bruder Johann Andreas Michael (*29. September 1710 in Sulzbach) nach Leipzig, nutzte die Bibliotheken, trat mit verschiedenen Gelehrten in Verbindung und hörte Collegia an der Universität, ohne sich jedoch in die Matrikel einzuschreiben. Autobiographische Aufzeichnungen des Älteren, die in Erstfassung wohl bereits 1749 vorlagen, haben in mehrere Gelehrtengeschichten der Zeit Eingang gefunden, allerdings in unterschiedlicher Bearbeitung. In der frühesten Druckversion in Johann Christoph Strodtmanns *Beyträgen zur Historie der Gelahrtheit*, Teil 4 (1749), heißt es:

»Zu den vergnügten Stunden, die er in Leipzig gehabt, gehören dieienigen, welche er in einem musicalischen Collegio zugebracht. Der, in seiner Kunst sehr hoch gestiegene, Herr Bach war darinn zu hören. Unser Gelehrte hatte in selbigem seinen Bruder, Maximilian Nagel, der es in der Musik sehr weit gebracht hatte, ohnerachtet er in der besten Blüte seiner Jahre aus der Welt gegangen ist. Dieser Umstand mag unter andern auch was beygetragen haben, daß er besagtem Collegio fleißig beygewohnet.«

In Christian Ernst von Windheims *Philosophischer Bibliothek*, Band 4 (1751) liest man es so:

»Weil er ein Liebhaber der Bücher war, so machte er sich die schönen Leipzigschen Bibliotheken wohl zu Nutz, und da er auch die Musik liebte, so besuchte er das musikalische Collegium des berühmten Hrn. Bach, in welchem sich sein am Anspachischen Hofe verstorbener Bruder Maximilian Nagel befand, der es in der Thonkunst weit gebracht hat.«

In Georg Andreas Wills *Nürnbergischem Gelehrten-Lexicon* (1757) findet sich ein neuer Akzent:

»Zur Abwechslung und zum Vergnügen besuchte er auch die musicalischen Collegia des berühmten Bachens, wobey sein am Anspachischen Hofe verstorbener seel. Bruder, Hr. Maximi-

Maximilian Nagel, Eintragung in die Alumnenmatrikel,
Leipzig, 12. Mai 1732

lian Nagel, seine besondere musicalische Geschicklichkeit auf
der Violine öffters zeigte.«

In welcher Weise derartige Aktivitäten des Jüngeren sich mit
der Schulordnung der Leipziger Thomana vereinbaren ließen,
ist bis heute nicht abschließend geklärt. Immerhin hatte Ma-

ximilian Nagel sich, wie auch der im Bachischen Collegium musicum als Cembalist tätige Alumne und Privatschüler Bachs Johann Ludwig Krebs (1713–1780), im Wintersemester 1735 vorsorglich an der Universität Leipzig immatrikulieren lassen und damit einen gewissen Sonderstatus erlangt.

Im Spätherbst 1735 zogen, zunächst ganz unauffällig, Wolken am Leipziger Musikhimmel auf. Ende November war der als Collega tertius an der Thomasschule tätige Schlesier Abraham Kriegel (1691–1759) mit der wesentlich jüngeren Tochter des Pfarrers zu Collmen bei Leisnig vor den Traualtar getreten und hatte seine Lehrerkollegen zur Hochzeitsfeier eingeladen. Auf der Rückfahrt trug der Rektor Johann August Ernesti (1707–1781) dem Thomaskantor das Anliegen vor, seinem Protegé, dem Alumnen Johann Gottlob Krause aus dem südlich von Leipzig gelegenen Großdeuben, eine Präfektenstelle zuzuweisen, damit dieser durch die zu erwartenden höheren Einnahmen einige aufgelaufene Schulden bis spätestens Ostern 1737 tilgen könnte. Bach hatte keine Bedenken, dem Rektor diesen Gefallen zu erweisen und den zwar begabten, doch auch als »liederlicher Hund« geltenden Alumnen auf die nachgeordnete Position zu berufen, zumal ein weitergehendes Avancement nicht zu befürchten war.

Als freilich »der *Praefectus Chori 1.* nahmens Nagel von Nürnberg bey letztverwichenen Neüen Jahres Singen sich beklagete, wie daß er wegen übelbeschaffener Leibes*Constitution* nicht im Stande sey es auszutauren«, sah der Thomaskantor sich am Jahresende zu einer Umdisposition genötigt. Maximilian Nagel wurde nicht etwa nur vorübergehend dispensiert, sondern mußte seinen Platz als Generalpräfekt gänzlich räumen, und die anderen drei Präfekten konnten nachrücken: Gottfried Theodor Krauß (1713–1746) aus Herzberg an die erste Stelle, Gotthelf Engelbert Nitsche (1714–1804) aus Bibra an die zweite, Johann Gottlob Krause, der Protegé des Rektors, an die dritte. Vierter Präfekt dürfte Samuel Kittler (1715–1781) aus Belgern geworden sein.

Ob Maximilian Nagel sich nur vorübergehend außerstande gesehen hatte, die zum Jahreswechsel üblichen und für die Schule finanziell einträglichen stundenlangen Gesangsumgänge als Leiter der ersten Kantorei in Schnee und Kälte durchzustehen, oder ob sich zu dieser Zeit schon die Vorboten seiner Krankheit, der er schließlich zum Opfer fallen sollte, bemerkbar gemacht hatten, wissen wir nicht. Anfang April 1736 dürfte der nächste Wechsel stattgefunden haben: Der »andere« (zweite) Präfekt Gotthelf Engelbert Nitsche (neuerdings als direkter Vorfahr des Philosophen Friedrich Nietzsche identifiziert) verließ regulär die Schule und Johann Gottlob Krause gelangte, sicherlich nicht zum Vergnügen des Thomaskantors, an seine Stelle. Einige Wochen später kam es zur Katastrophe: Bei einer sogenannten »Halben Brautmesse«, der Darbietung von Chorälen für eine Trauung, hatte der Generalpräfekt Gottfried Theodor Krauß, der die Aufführung in Vertretung des Thomaskantors leiten sollte, einen unbotmäßigen kleineren Schüler gezüchtigt, der sich daraufhin beim Rektor beschwerte, was diesem Gelegenheit gab, ein Exempel zu statuieren: öffentlich zu vollziehende Prügelstrafe für den Präfekten. Ob diese unverhältnismäßige Ahndung tatsächlich erforderlich war, oder Ernesti nach dem Prinzip »den Sack schlägt man, den Esel meint man« in Wirklichkeit dem unbequemen Untergebenen Johann

Sebastian Bach dessen Grenzen aufzeigen wollte, bleibt unbekannt. Als Krauß sich der entehrenden Strafe durch die Flucht von der Schule entzog, war der Weg frei für Johann Gottlob Krause. Vergeblich versuchte Bach, den Favoriten des Rektors von der unversehens erlangten Führungsposition zu verdrängen, vergeblich nahm er die Schuld des Präfekten Krauß auf sich, opponierte gegen die Schulordnung, verwies auf seine musikalische Kompetenz und auf die Notwendigkeit, Präfekten nach ihrer Brauchbarkeit *in musicis* zu berufen, richtete Protestschreiben an den Rat, das Konsistorium und sogar an den Kurfürsten – es half nichts. Ernesti verschanzte sich in wortreichen Gegeneingaben hinter seiner Autorität als Rektor und insbesondere hinter der Zuständigkeit des Schulvorstehers, schob das Strafmaß dem Rat in die Schuhe und widersprach auch Bachs musikpraktischen Argumenten. Dessen Forderung nach einem zum Dirigieren schwierigerer Kirchenmusiken befähigten Generalpräfekten hielt Ernesti entgegen, daß solche Musiken ja von Bach selbst geleitet würden, beziehungsweise im Vertretungsfall vom Musikdirektor der Leipziger Neuen Kirche: »Der Vorige *Praefectus* Nagel hat nie was anders gethan, als die *Violine* gestrichen.«

Ob Maximilian Nagel zu jenen gehörte, die der Rektor mit der Bemerkung »Wolt ihr auch ein Bierfiedler werden?« verbal anzurempeln pflegte, wissen wir nicht. Den Ausgang oder vielmehr das Versanden des heute so genannten Präfektenstreits im Frühjahr 1738 hat Nagel nicht mehr als Schüler miterlebt. Gleichwohl dürfte er die Schule länger besucht haben, als bisher angenommen. denn auch dem »unfehlbaren« Rektor Ernesti ist ein Lapsus unterlaufen, indem er dem Matrikeleintrag Nagels vom 12. Mai 1732 die Bemerkung anfügte »discessit in Academiam Altorfinam cum egregio diligentiae testimonio m. Febr. 1736«. Aus dieser Notiz ist geschlossen worden, Nagel habe die Schule im Februar 1736 kurz nach seiner Absetzung als Präfekt verlassen und anschließend möglicherweise seinen älteren Bruder auf dessen Reisen begleitet. Maximilian Nagel wurde jedoch am 7. Februar 1737 an der Universität Altdorf inskribiert, woraus sich entnehmen läßt, daß die Jahreszahl in Ernestis Nachtrag ebenfalls 1737 lauten muß. Nagels älterer Bruder ist am 28. Januar 1737 wieder in Altdorf nachweisbar; vielleicht hat er hier das Terrain sondiert und den Jüngeren sogleich nachkommen lassen.

Maximilian Nagel wird demnach auch noch während des Jahres 1736 dem Thomaskantor als »tragende Säule« zur Verfügung gestanden haben. Anzunehmen ist seine Mitwirkung bei der Aufführung der Matthäus-Passion am 30. März in der Thomaskirche, und ebenso bei der weltlichen Kantate »Schleicht, spielende Wellen« (BWV 206) im Zimmermannischen Kaffeehaus am 7. Oktober. Als Nagel im Februar des folgenden Jahres Leipzig endgültig den Rücken kehrte und wenige Monate später auch Johann Ludwig Krebs als Organist an die Marienkirche von Zwickau berufen wurde, mag der Verlust dieser beiden wichtigen Stützen Bach in dem Entschluß bestärkt haben, die Leitung seines Collegium musicum niederzulegen.

Wie lange Maximilian Nagel an der Universität Altdorf zugebracht hat, ist ebensowenig bekannt wie sein Studienziel. An Theologie im Blick auf den Beruf des Pfarrers oder Lehrers ließe sich nur denken, wenn zumindest feststünde, daß er während seiner Thomanerzeit die Spezialisierung auf das Violinspiel nicht etwa in der Absicht vorangetrieben hätte, den Anstrengungen des Singedienstes nach Möglichkeit aus dem Weg zu gehen, sondern daß er über eine kräftige und ausdauernde Stimme als Voraussetzung für das Predigen oder Lehren verfügte. Ob Nagel nach dem Abschluß seines Studiums zunächst stellungslos war und vielleicht bei seinem älteren Bruder ein Unterkommen fand, oder aber der nahezu unausweichlichen Beschäftigung als Hauslehrer (»Informator«) nachgehen mußte, bleibt ebenso ungewiß. Erst 1744 läßt er sich in den Ansbacher Adreßkalendern als Mitglied der Hofkapelle nachweisen, wird also diese Stelle im Laufe des Jahres 1743 angetreten haben.

Über Namen und Funktion seiner Kapellkollegen, von denen – abgesehen von Johann Philipp Weichardt – keiner wie er ein Universitätsstudium vorweisen konnte, berichtet eine 1746 in der *Musikalischen Bibliothek* veröffentlichte Übersicht, die in bezug auf den Kapellmeister den aktuellen Stand wiedergibt, indem Johann Friedrich Meyer an die Stelle des 1745 verstorbenen Georg Heinrich Bümler getreten ist, die aber insofern unvollständig ist, als sie einige in den Vorjahren mittels der Adreßkalender belegbare »unsichere Kantonisten« nicht mit aufführt. Verschwiegen wird merkwürdigerweise sogar der Name des ab 1730 in Stuttgart tätigen, seit 1740 in Ansbach nachweisbaren und dort bald zum Konzertmeister aufgerückten Musikers Hieronimus Eisenhut († 1754, begr. 28. 3., 53 Jahre alt) und eben auch derjenige Maximilian Nagels. Wird Nagels Name entsprechend den Angaben der Ansbacher Adreßkalender der Liste hinzugefügt, weist dies auf eine zumindest kurzzeitige Begegnung von zwei Musikern, die beide zu den Mitwirkenden bei Aufführungen Johann Sebastian Bachs gehört

haben – Johann Philipp Weichardt in Weimar, und Maximilian
Nagel in Leipzig:
»Nachricht von der Hofcapelle Sr. Hochfürstl. Durchl. des
Marggrafens zu Anspach, in Franken.

Herr Johann [Friedrich] Meyer [1704–1760], Capellmeister
und Cammermusikus, auch Stadtorganist.

Herr Johann Friedrich Hummel [d. Ä., † 1764], Cammer- und
Hofmusikus, ein wackerer Virtuos auf der Hoboe.

Herr [Johann Ludwig] Kießler [1694–1772],
Cammermusikus, ein wackerer Virtuos auf dem Fagott.

Herr [Albrecht Ernst] Wieder [† 1748], Hoboist.

Herr [Johann Philipp] Weichart [* 1698], Hofrathsregistrator
und Cammermusikus. Singt einen guten Alt.

Herr Johann Friedrich Höfflein [† 1753], Tenorist und
Cammercanzlist.

Herr [Johann Conrad] Arzt [† 1747], Cammermusikus.

Herr [Johann Friedrich] Hummel [d. J., † 1764],
Cammermusikus.

Herr Johann Leonhard Adam Krezer [† 1769], Hoboist.

Herr Johann Leonhard Faßen [† 1746], Fagotist.

Hierzu kommen acht Trompeter und ein Pauker, zusammen
neunzehn Personen. Sonsten rechnet man auch den Hof-
cantor, den Capellknaben und zween Orgelmacher mit
zur Hofcapelle, die aber bey der Hofmusik eigentlich
nichts zu thun haben.«

Angaben zu Maximilian Nagel liefert der Begräbniseintrag im
Totenbuch von St. Johannis zu Ansbach. Unter dem 18. April
1748 (Donnerstag nach Ostern) ist der Gesuchte als »Cammer-

Die Ansbacher Hofkapelle. Aus: Lorenz Christoph Mizler, Musikalische
Bibliothek. Des dritten Bandes Zweyter Theil, Leipzig 1746

musicus und Lautenist« verzeichnet; die Todesursache ist mit
»Schwindsucht« angegeben, das Sterbealter (35 Jahre, 4 Monate, 23 Tage) entspricht den wirklichen Verhältnissen und weicht
somit von dem Eintrag in der Matrikel der Leipziger Thomas-

schule ab. Ob Nagel Musikalien aus seiner Leipziger Zeit und etwa Kompositionen Johann Sebastian Bachs mit nach Ansbach gebracht hatte und was aus diesen geworden sein könnte, bleibt ungewiß.

Ein Neffe des Vorgenannten mit dem gleichen Vornamen Maximilian, geboren am 29. November 1747 in Altdorf als ältester Sohn Johann Andreas Michael Nagels, bezog 1762 mit vielversprechenden Voraussetzungen die Universität seiner Heimatstadt, unterstützte seinen Vater bei wissenschaftlichen Arbeiten und bereitete sich auf eine Theologenlaufbahn vor, starb aber schon am 20. Januar 1772 im elterlichen Hause, wie es heißt »an der Auszehrung«. Ob die gleiche Todesursache bei Maximilian Nagel d. Ä. und d. J. auf Zufall oder auf familiäre Veranlagung zurückzuführen ist, bleibt immerhin zu fragen.

Um zum Ausgangspunkt zurückzukehren. Im Nachhinein läßt sich trefflich spekulieren: Hätte der Präfekt Nagel nicht zum Jahreswechsel 1735/36 die Segel streichen müssen und wäre erster Präfekt geblieben, hätte er und nicht Gottfried Theodor Krauß als Vertreter des Thomaskantors die »Halbe Brautmeße« zu leiten gehabt, wodurch jenem Prügelstrafe und Schulverweisung erspart geblieben wären; Johann Gottlob Krause hätte nie die höchste Stufe in der Präfektenhierarchie erklimmen können und somit wäre auch kein »Präfektenstreit« zwischen Rektor und Kantor ausgebrochen. Allerdings wüßten wir dann auch nicht, daß der Präfekt Maximilian Nagel »nie was anders getan hatte, als die Violine zu streichen«.

Gründervater:
Georg Heinrich Bümler

Auf dem Dedikationstitel seiner Ende Juni 1734 in Leipzig gedruckten und am Monatsletzten öffentlich verteidigten Magis-
terarbeit über das Thema *Quod Musica Ars sit Pars Eruditionis Philosophicae* vereinigte Lorenz Christoph Mizler vier Namen seiner
virtuellen beziehungsweise tatsächlichen Lehrmeister: Johann
Mattheson in Hamburg, Johann Sebastian Bach in Leipzig sowie »Johann Benedict« Bümler und Johann Samuel Ehrmann in
Ansbach. Sie alle werden Belegexemplare der Dissertation erhalten und sich auch, wie es für Mattheson bezeugt ist, schriftlich dafür bedankt haben. Ob sie an der Namensliste etwas aus-
zusetzen fanden, ist nicht bekannt.

Irritiert zeigte sich zumindest Johann Gottfried Walther in
Weimar. Auch ihm hatte Mizler ein Exemplar zukommen lassen, allerdings nicht aus Leipzig, sondern aus Heidenheim, wo-
hin er nach seiner nicht eben glanzvollen Präsentation eiligst
abgereist war. In seinem Begleitbrief vom 25. Oktober 1734 ließ
Mizler wissen, daß die in der Dissertation enthaltene Kritik an
Walthers *Musicalischem Lexicon* von 1732 seiner Liebe zur »Musicalischen Wißenschafft« und dem Wunsch nach deren Be-
förderung entsprungen sei und einer verbesserten Neuauflage
des Lexikons zugute kommen solle. Walther reagierte am 15.
November, wies auf seinerseits entdeckte Fehler hin, die teils
durch eigene Versehen entstanden seien, teils durch Versäum-
nisse von Verleger beziehungsweise Schriftsetzer, und bat zu-

gleich um Mitteilung der »Lebens-Umstände« sowohl von Mizler selbst als auch von Persönlichkeiten aus dessen »Gegend und Nachbarschafft«, insbesondere der Herren Bümler und Ehrmann. Den Herrn Kapellmeister Georg Heinrich Bümler habe er schon vor längerer Zeit durch (Johann Philipp) Weichardt um einen Beitrag bitten lassen, jedoch ohne Erfolg. Im übrigen hielte er diesen »für den Vater des jetzigen«.

Carl [Johann Martin] gebohren in Walchenfeld ohnweit Bamberg an. 1697 hat mit einem vornehmen Miniftre eine Reife nach Franckreich und Holland gethan, und dafelbft die beften Maîtres auf der Violin gehöret ; fiehet jetzo feit etlichen Jahren als Violinift in Marggräflich-Anfpachifchen Dienften, und tractiret auch die Flûte traverfiere.

Bümler (George Heinrich) Hochfürftlicher Anfpachifcher Capellmeifter, ift ein berühmter Acteur, wie er denn fchon an. 1699 in dem zu Anfpach aufgeführten Dramate, genannt: lePazzie d'Amóre e dell' Intereffe, den Lindauro agiret.

Weichardt (Johann Philipp) ift gebohren an. 1699 in Bößleben, einem bey Arnftadt liegenden Dorffe, im 15ten Jahre feines Alters in die hiefige Capelle als Difcantifte gekommen, auch in folcher, als Altifte, biß an. 1729 geblieben. Er hat zu Jena Jura ftudiret, und von dar aus Sonn-und Feft-täglich fein Amt verrichtet ; jetzo fiehet er bey dem Hrn. Marggraffen zu Anfpach, als Hofraths-Cantzellifte und Altifte in Dienften. Der ambitus feiner Stimme erftrecket fich auf 2 Octaven.

J. G. Walther, *Musicalisches Lexicon*, 1732

Mit einer Antwort auf Walthers Schreiben ließ Mizler sich zwei volle Jahre Zeit. Erst am 6. November 1736 meldete er sich wieder, schickte vier seither erschienene eigene Veröffentlichungen, darunter eine im selben Jahr gedruckte verbesserte Ausgabe seiner Dissertation, bat um Nachsicht wegen der vordem geäußerten Kritik an Walthers Lexikon und offerierte nochmals seine Mitarbeit an einer Neuauflage. Bümler und Ehrmann hätten ihm ihre Lebensbeschreibungen zugesendet, nur könne er sie im Augenblick nicht finden. Hinsichtlich des Erstgenannten räumte er ein, daß jener Georg Heinrich Bümler heiße und er selbst »den Nahmen damahls nicht recht gewust« habe. Mit einem Blick in Walthers Lexikon hätte er diesem Mangel allerdings abhelfen können, denn dort heißt es expressis verbis: »Bümler (George Heinrich) Hochfürstlicher Anspachischer Capellmeister, ist ein berühmter *Acteur*, wie er denn schon an. 1699 in dem zu Anspach aufgeführten *Dramate*, genannt: *le Pazzie d'Amore e dell' Interesse*, den *Lindauro agi*ret.«

Diese wohl auf einem Exemplar des gedruckten Textbuchs basierende Notiz blieb auch für die Folgezeit die einzige lexikalisch greifbare Mitteilung zur Person Bümlers, und so verwundert es nicht, daß noch im November 1750 Johann Georg Pisendel sich etwas indigniert bei Georg Philipp Telemann erkundigte: »es sind nun drey aus der Mitzlerischen *Societet* gestorben als Herr *Stelzel, Bimler, Bach*, u[nd] ich sehe doch keine TrauerOde: *quare?*«

Nochmals vier Jahre gingen ins Land, ehe die *Musikalische Bibliothek* in ihrer letzten Ausgabe (Teil 1 des IV. Bandes) die vermißten Trauergedichte, insbesondere aber biographische Abrisse zu den drei Genannten vorlegte. Mit Blick auf das Sterbejahr 1745 steht Bümlers Lebenslauf an erster Stelle, gefolgt von den Texten über Stölzel († 1749) und Bach († 1750). Als bei weitem kürzeste der drei Abhandlungen läßt diejenige über Bümler auf die Stabilität und Kontinuität von dessen Laufbahn schließen.

Hiernach entstammt Bümler der Region Oberfranken, wurde am 10. Oktober 1669 in Berneck (Fichtelgebirge) als Sohn des Kantors Lucas Bümler und der Magdalena Catharina geb. Hagen geboren und wuchs in seinem Geburtsort sowie in Kauerndorf und danach in Naila auf, wo der Vater als Bergwerksvorsteher tätig wurde, aber schon drei Jahre nach seinem Berufswechsel starb. Der kaum zehnjänrige Sohn besuchte daraufhin die Schule zu Münchberg als Alumnus und wechselte am 14. Januar 1698 auf das Gymnasium Bayreuth. In Bayreuth wurde er Kammerdiscantist und erhielt Gesangs- und Clavierunterricht bei dem damaligen Kapellmeister Ruggiero Fedeli (um 1655–1722). Es folgten Engagements in Wolfenbüttel, Hamburg, nochmals Wolfenbüttel, Bayreuth und Berlin, auch erste Kompositionen entstanden. 1698 berief der junge Markgraf Georg Friedrich (1678–1703) Bümler als Kammermusicus und Altisten nach Ansbach.

Als der Markgraf wenige Jahre später an den Folgen einer Kriegsverletzung verstorben war, erneuerte dessen ebenfalls sehr jung zur Regierung gelangter Nachfolger Markgraf Wilhelm Friedrich (1685–1723) zunächst Bümlers Anstellung, ehe er diesen am 4. September 1717 zum »wirklichen Kapellmeister im Rang eines wirklichen Sekretärs« ernannte. In der Zwischenzeit hatte Bümler sich mit Dorothea Constantia Bauer verheiratet, die der Markgraf von Brandenburg-Kulmbach zur Ausbildung nach Ansbach geschickt hatte und die hier Bümlers Gesangsschülerin geworden war. Von den sechs Kindern aus der am 14. Januar 1710 geschlossenen Ehe überlebte eine einzige Tochter den Vater. Eine am 11. Mai 1722 angetretene Studienreise des Ehepaars Bümler mußte nach dem Tod des Markgrafen (7. Januar 1723) abgebrochen werden; Bümler verließ Venedig und kam am 17. Februar 1723 in Ansbach an, um hier für den Musikanteil bei den Trauerfeierlichkeiten zu sorgen. Bald darauf verkleinerte die verwitwete Markgräfin Christiana Charlotte (1694–1729) den Hofstaat, und auch Bümler erhielt seinen Abschied.

Sein erstmaliges Wirken als Hofkapellmeister – September 1717 bis Frühjahr 1723 – war damit fast auf den Tag genau parallel zu demjenigen Johann Sebastian Bachs in Köthen verlaufen. Nicht zu klären ist bis dato, aus welchem Grund Bümlers Amtsvorgänger Johann Christian Rau bereits 1717 abgelöst worden ist, denn Rau starb erst am 12. September 1721 im Alter von 66 Jahren, und Gleiches gilt eigentümlicherweise für Bachs 1717 entlassenen Köthener Amtsvorgänger Augustin Reinhard Stricker.

Einer noch 1723 begonnenen zweijährigen Tätigkeit Bümlers in den Diensten der sächsischen Kurfürstin Christiane Eberhardine (1671–1727), einer geborenen Prinzesssin von Brandenburg-Bayreuth, die, von Ihrem Gatten Friedrich August I. von Sachsen (1670–1733) getrennt, im Schloß Pretzsch (Elbe) residierte, folgte eine einjährige amtlose Zeit in Hof und am 11. Oktober 1726 die Wiederanstellung in Ansbach. Der am 30. Mai 1729 zur Regierung gelangte Markgraf Carl Wilhelm Friedrich (1712–1757) verzichtete auf eine weitere Veränderung und beließ Bümler bis an dessen Lebensende in seinem Amt. Nach dem Tod seiner ersten Ehefrau (1728) heiratete dieser am 16. November 1729 erneut eine Gesangsschülerin, diesmal Sabina Sophia, die Tochter des Ulmer Musikdirektors Conrad Michael Schneider (1673–1752), die sich bei ihrem Großvater, dem Ansbacher Stadt- und Stiftsorganisten Abdias Schneider, aufgehalten hatte. Von den zehn Kindern aus dieser zweiten Ehe überlebten sechs den Vater. Der im April 1732 geborene Sohn Wilhelm Friedrich wirkte später als Lehrer in Feuchtwangen (1761–1767) und am Gymnasium Carolinum in Ansbach (1768–1772) sowie als Kantor und Konrektor in Uffenheim (1775–1790). Georg Heinrich Bümler starb nach längerer Krankheit am 26. August

Georg. Henr. Bümler

Seren: Marchionis Brandenburg: Onolöin:
capellæ musicæ præfectus: Societ: scien: musican:
Germania florentis socius.

Sperling pinx.   *Sysang sc.*

Georg Heinrich Bümler, Kupferstich von Johann Christoph Sysang

1745. Die Kunde von seinem Ableben scheint sich nicht sonderlich schnell verbreitet zu haben; Mizler als Sekretär der Musikalischen Societät glaubte jedenfalls noch im November 1745, daß der Senior am üblichen Versand der Societäts-Materialien teilnehmen werde. Für 1746 ist eine briefliche Verbindung der Witwe »Sabina Sophia Bimmler« mit dem berühmten Frankfurter Patrizier Johann Friedrich Armand von Uffenbach (1687–1769) belegt.

Von Bümlers Kompositionen ist relativ wenig erhalten geblieben. Der 1743 »nach einer von (Johann Friedrich) Fasch verfertigten Specification« verzeichnete Musikalienbestand der Hofkapelle im Anhaltischen Zerbst enthielt an die 20 Werke, allerdings unter Bümlers italianisiertem Namen *Bomoliere*. Nach dem Nekrolog mußte Bümler noch im Alter zwei (Kantaten-)Jahrgänge für die Ansbacher Stiftskirche komponieren. Diesen Werken könnte der ab 1752 als Organist an der Stiftskirche St. Gumbertus angestellte Bach-Schüler Johann Georg Voigt durchaus begegnet sein; Nachweise über Verbleib beziehungsweise Darbietung dieser Kantaten fehlen allerdings. Drei andere Vokalwerke sind in Abschriften aus dem Besitz des Thomaskantors und Bach-Nachfolgers Gottlob Harrer (1703–1755) überliefert, werden also während dessen Amtszeit in den Leipziger Hauptkirchen erklungen sein.

Als Lorenz Christoph Mizler 1738 an die Gründung einer *Societät der musikalischen Wissenschaften in Deutschland* ging, gehörte Bümler dem für eine solche Initiative erforderlichen Triumvirat an, angesichts der nahezu vollendeten sieben Lebensjahrzehnte als bei weitem ältestes Mitglied. An der Zuwahl weiterer sieben Mitglieder in den folgenden fünf Jahren dürfte er mitgewirkt haben, und vielleicht war er auch noch an jener »Sammlung der Stimmen« beteiligt, mit denen Georg Friedrich Händel 1745 »von den sämtlichen Mitgliedern aus eigener Bewegung erwählet« und als elftes Mitglied mit der ersten Ehrenstelle bedacht wurde. Die in Mizlers *Musikalischer Bibliothek* 1746 angekündigte Vermehrung der Gesellschaft um weitere »drey ansehnliche Mitglieder« (unter ihnen Johann Sebastian Bach) wird hingegen ohne Bümlers Aktivität vonstatten gegangen sein.

In der 1790 in Hamburg zum Verkauf angebotenen »Bildniß-Sammlung von Componisten, Musikern, musikalischen Schriftstellern, lyrischen Dichtern und einigen erhabenen Musik-Kennern« aus dem Besitz Carl Philipp Emanuel Bachs fand sich auch »Bümler, (G. H.) Anspachischer Kapellmeister. Von Sysang. 8. In schwarzen Rahmen, unter Glas.« Nicht auszuschließen ist, daß das Exemplar des von Johann Christoph Sysang (1703–1757) nach einer Vorlage von Johann Christian Sperling (1691?–1746) gefertigten Kupferstichs, einer Darstellung, über deren Lebensechtheit Mizler sich am 12. Dezember 1746 lobend äußerte, aus dem Nachlaß Johann Sebastian Bachs stammte.

Unterbeschäftigter:
Johann Georg Voigt d. J.

In Johann Nikolaus Forkels Programmschrift *Ueber Johann Sebastian Bachs Leben, Kunst und Kunstwerke* von 1802 heißt es am Schluß einer Zusammenstellung »merkwürdig gewordener Bachischer Schüler«: »Voigt in Anspach und ein Organist Schubert sind mir von C. Ph. Emanuel noch als Schüler seines Vaters genannt worden. Von beyden wußte er aber nichts näheres zu sagen, als daß sie erst ins väterliche Haus gekommen sind, nachdem er es schon verlassen hatte«. Zum Teil läßt sich diese etwas vage Mitteilung auf einen Brief des zweitältesten Bach-Sohnes vom 13. Januar 1775 zurückführen, in dem dieser offenbar anhand einer – nicht erhaltenen – Frageliste Forkels im Abschnitt 10 als Schüler seines Vaters dessen Söhne nennt, dazu neun andere Namen, unter denen »Organist Schubert« an erster Stelle steht, »Voigt in Anspach« an letzter. Der Hinweis auf das »väterliche Haus« mag sich in der Folgezeit gesprächsweise ergeben haben, kann aber in dieser pauschalisierten Form nicht zutreffen. »Organist Schubert« – gemeint ist Johann Martin Schubart (1690–1721) – erlernte nach Johann Gottfried Walthers *Musicalischem Lexicon* bei Johann Sebastian Bach »das Clavier-Spielen, und hielte sich bey demselben von 1707 bis 1717 beständig auf«. Ende 1717 wurde er Bachs Nachfolger als Organist der Weimarer Schloßkirche. Daß der 1714 geborene Bach-Sohn aus seiner frühen Kinderzeit wesentliche Erinnerungen an den einstigen Hausgenossen über Jahrzehnte bewahrt haben könnte, ist ohnehin kaum zu glauben. Wünschenswert wäre hingegen, daß der Hinweis auf die Ausbildung Voigts im »väterlichen Haus« einen wahren Kern enthält und zwar nicht nur in chronologischer Beziehung, sondern auch hinsichtlich der Unterbringung. Die Bemerkung über die Spätzeit nach 1734, dem Jahr der Übersiedelung Carl Philipp Emanuel Bachs aus Leipzig nach Frankfurt/Oder, wäre somit zumindest im Blick auf »Voigt in Anspach« korrekt.

Walthers *Musicalisches Lexicon* von 1732 scheint jedoch auch diese Annahme zu widerlegen. Auf möglicherweise durch Johann Philipp Weichardt beschafften Mitteilungen fußend, heißt es hier:

»Vogt (Johann Georg) aus Zelle gebürtig, hat noch etliche Jahre bey dem dasigen verstorbenen Hertzoge, als Oboiste, gedient, ist hierauf nach Anspach gekommen, und stehet daselbst jetzo als geheimer Cancelliste und Oboiste in Diensten. Er *tractiret*, nebst der *Oboé*, auch die *Flûte travёr*.«

Würde – wie geschehen – die Herkunft aus Zelle (Celle) auf das thüringische Zella umgemünzt, ergäben sich Vermutungen in Richtung auf Ausbildungsjahre in Bachs Frühzeit. Doch mit einem »dasigen verstorbenen Hertzoge« kann nur Celle aufwarten: Es handelt sich um Georg Wilhelm von Braunschweig-Lüneburg (* 26. Januar 1624 auf Schloß Herzberg/Harz), der am 28. August 1705 im Kloster Wienhausen bei Celle verstorben war. Johann Georg Voigts Ansbacher Anstellung als Hautboist erfolgte am 30. August 1706. Sein Geburtsjahr scheint 1689 zu sein, auch wenn in Celle bislang keine einschlägige Geburts- oder Taufeintragung zu ermitteln war. Einen mehrjährigen Dienst bei Herzog Georg Wilhelm müßte Voigt demnach bereits mit etwa 16 Jahren quittiert haben. Dies ist jedoch unwahrscheinlich.

Wenig Trost spendet die Beobachtung, daß der Name Vo(i)gt im Raum um Celle und Lüneburg nicht gerade selten vorkommt. So kennt man einen Ulrich Johann Voigt (1669–1732), Stadtmusikus zu Celle und Lüneburg, sowie einen seit 1666 nachweisbaren Hof- und Feldtrompeter Martin Voigt in Celle, der 1701 verstorben ist. Mehr zur Klärung beizutragen scheint ein Hans Jürgen Vo(i)gt, der im Rechnungsjahr 1698/99 zugleich mit einem Ernst Heinrich Grimm von »Ser[enissi]mi Dragoner Guarde zu Hoff Musikanten mitangenommen« wurde; »Ser[enissi] mi ordre« erging am 30. Juli 1698. Diese Tätigkeit als Mitglied der Hofmusik von Celle endete allerdings nach dem Tod des Herzogs Georg Wilhelm. 1706 wurden die Hofkapelle aufgelöst, die Gehälter nur noch bis zum 1. Juli gezahlt. Schon im folgenden Jahr läßt Hans Jürgen Voigt sich als Mitglied der Hofkapelle von Braunschweig-Wolfenbüttel nachweisen; Belege in den Kirchenbüchern reichen vom 6. Juni 1707 bis zur Beisetzung Voigts am 15. September 1708. Am 3. August 1707 wird in der Schloßkirche Wolfenbüttel Maria Charlotte Catharina als Tochter des »Fürstl. Musicus H. Hanß Jürgen Voigt« getauft: als Patin ist »des H. Cappel Meister [Georg Caspar] Schürmanns Eheliebste« eingetragen.

Denkbar erscheint nach dem Vorstehenden, daß der einschlägige Artikel in Walthers *Musicalischem Lexicon* den 1698 bis 1706 in Celle nachweisbaren »Hautbois« Hans Jürgen Voigt (der dann in die Kapelle von Braunschweig-Wolfenbüttel wechselte) und den ab 1706 in Ansbach tätigen und wohl aus der Gegend um Celle stammenden Johann Georg Vo(i)gt (»Hautboist«) als

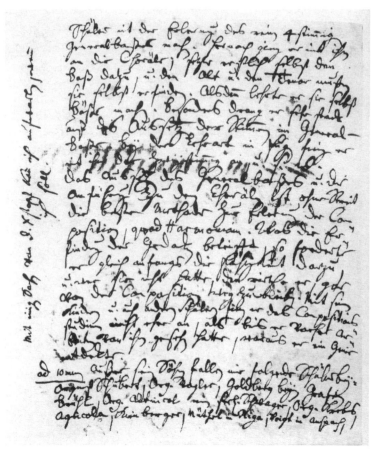

Brief Carl Philipp Emanuel Bachs an Johann Nikolaus Forkel in Göttingen, Hamburg, 13. Januar 1775, mit Erwähnung von »Voigt in Anspach«

dem großen Virtuosen Bachen in Leipzig in den
5. Jahre mit meines Vatters Violen Kosten
solches Musicalisches Studium mit allen
ohnermüdeten Fleiße obgelegen, biß daher
aber keine Gelegenheit gehabt: außer deß
Hofe auf dem Clavecin zu Zeiten mich hören
zu laßen. So offerire mich innen auf auf
der Orgel nach meines gnädigsten Meisters
Anweisung so lang gnädigster Regist.
hinzen Kranckheit anfallen sollte: Würden
keine Genießung Von Herzen anzuspüren:
mir in gnaden zu übertragen, damit ich
dadurch Gelegenheit bekomen mich sowohl
mehrers zu appliciren, alß auch das kostbarn
Orgelwerk alß zu gebrauch von Eueren
gnädigsten Landes Fürsten und Herren,
per Decretum ein auf einen andern
fall expectire: von dem künfftig in
mich vollkommentlich bekomt zu machen,
und in zukunfft Ihre Ehre mit gnädig-
digsten Kosten in guten Standen erhalten zu können

eine einzige Person registriert, was angesichts von Herkunft, Anstellungsdaten und gleicher Berufsbezeichnung erklärlich ist, jedoch den Tatsachen widerspricht. Ob das Kontaminieren der biographischen Daten dem Herausgeber des Lexikons anzulasten ist oder auf Unklarheiten in den Einsendungen zurückgeht, wird sich kaum mehr feststellen lassen. Offenbleiben muß darüber hinaus, ob es eine verwandtschaftliche Beziehung zwischen Hans Jürgen und Johann Georg Voigt gab.

Der vorgenannte Johann Georg Voigt, »Fürstl. Camer Musicus« in Ansbach, wurde am 14. Januar 1716 mit Jungfer Eva Maria Schaudig »in der Güldnen Sonne alhier privatim copuliert«. Zehn Kinder gingen aus dieser Ehe hervor; die Berufsbezeichnungen des Ehemannes reichen von »Hofmusicus« (bis 1721) über »Hofrats-Kanzlist« (1724), »Canzlist und Kammermusicus« (1725), »Canzlist und Hofmusicus« (1727) bis zu »Canzlist« (1728) und »geheimbder Registrator« (1734, 1737). Ende 1738 starb »Fr[au] Vogtin, Eva Maria« im Alter von 44 Jahren und wurde am 2. Dezember begraben. Exakt 28 Jahre nach der ersten Heirat, am 14. Januar 1744, verehelichte sich Johann Georg Voigt, »Secretarius und Registrator bey der geheimen Cantzley, ein Wittwer« zum zweiten Mal; die Angetraute war Catharina Barbara, Witwe des Rechnungsrats Johann Joseph Arnschwang. Ende 1766 starb Voigt d. Ä. im Alter von 77 Jahren am »Steckfluß« und wurde am 7. November begraben.

Das achte Kind aus der ersten Ehe, der am 12. Juni 1728 getaufte Sohn, erhielt die Vornamen des Vaters. Als Paten bei Johann

◂ Johann Georg Voigt d. J., Schreiben an das Markgräfliche Konsistorium, Ansbach 9. Dezember 1751

Georg Voigt d. J. fungierten der »hochfürstliche Bräuverwalter« Johann Jacob Müller und der »Cammerregistrator« Johann Hermann Köhler, dessen Berufsangabe die Mitgliedschaft in der Hofkapelle unerwähnt läßt.

1740 taucht im Ansbacher Adreßkalender ein Kapellknabe Vogt auf; hiermit könnte der knapp zwölfjährige Johann Georg Voigt d. J. gemeint sein. Ab 1741 wird der Vater nicht mehr als Mitglied der Hofkapelle verzeichnet, dürfte also diese Tätigkeit im Vorjahr beendet haben. Einige Zeit später, wohl um die Mitte der 1740er Jahre, muß Johann Georg Voigt d. Ä. seinen Sohn zur weiteren musikalischen Ausbildung nach Leipzig geschickt haben. Als nach der Rückkehr der gewünschte berufliche Erfolg auf sich warten ließ, richtete der Sohn am 9. Dezember 1751 ein Schreiben an das markgräfliche Konsistorium, in dem es heißt: »Wann nun nach meiner von dem großen *Virtuosen* Bachen in Leipzig in die 3. Jahre mit meines Vatters vielen Costen solches *Musicali*sches *Studium* mit allen ohnermüdeten Fleiß obgelegen, biß daher aber keine Gelegenheit gehabt (außer bey Hoff auf den *Clavecin* zu Zeiten mich hören zu laßen) So *offerire* mich um mich auch auf der Orgel nach Meines gedachten Meisters Anweißung so lang gedachten *Regist*: Diezen Kranckheit anhalten sollte (welchen seine Geneßung von Hertzen anwünsche) mir in gnaden zu übertragen, damit ich dadurch Gelegenheit bekomme, mich sowohl mehrers zu *applicir*en, alß auch das Costbare Orgelwerck alß worauf ich von Unßern Gnädigsten Landes Fürsten und Herrn, *per Decretum* bis auf ein und andern Fall *expectiret* worden künfftighin mich vollkommentlich bekannt zu machen, und in Zukunfft dießes Werck mit geschmeidigsten Costen in guten Stande erhalten zu können.«

Die Wiegleb-Orgel mit dem originalen Prospekt nach der Restaurierung
2007

Angesichts der holpernden Formulierungen liegt der Verdacht nahe, daß bei der Anfertigung der Reinschrift eine oder mehrere Zeilen versehentlich übersprungen worden sind. Gleichwohl lassen sich die wichtigsten Anliegen erkennen. Mit dem »costbaren Orgelwerck« ist die 1738 von Johann Christoph Wiegleb in der Stiftskirche St. Gumbertus erbaute Orgel gemeint, an der der Registrator und Stiftsorganist Lorenz Christian Diez seit dem 9. Dezember 1738 tätig war. Die dem jungen Voigt von Markgraf Carl Wilhelm Friedrich schriftlich zugesicherte Expektanz bezüglich der Organistenstelle hätte unter normalen Umständen eine lange Wartezeit mit sich gebracht. Jedoch starb Diez am 21. April 1752 im Alter von nur 43 Jahren, so daß Johann Georg Voigt am 5. Juni des Jahres die erhofftc Nachfolge antreten konnte. Zwölf Jahre später, am 15. März 1764, verheiratete er sich mit Anna Barbara Merklein, der Tochter eines mittlerweile verstorbenen Senators aus Windsheim; erzogen worden war diese bei dem zeitweilig an St. Gumbertus tätigen Pfarrer Johann Friedrich Osterwald (1711–1778), der seinerseits eine Apothekerswitwe namens Merklein aus Windsheim zur Frau hatte. Keine 14 Monate nach der Heirat starb Johann Georg Voigt d. J. – noch vor seinem alten Vater – mit nur 36 Jahren an der Wassersucht. Der Begräbniseintrag vom 5. Mai 1765 bezeichnet ihn als »Cammer-Registrator« und läßt die Organistentätigkeit unerwähnt. Ein weit höheres Alter als der Frühverstorbene erreichte dessen jüngerer Bruder Johann Jakob Wilhelm (*24. 11. 1734); dieser wurde 1764 Hof- und Stiftskaplan in Ansbach, heiratete am 8. Oktober 1765, erhielt 1774 den Titel eines Hofpredigers und amtete von 1779 bis zu seiner Emeritierung im Jahre 1810 als Pfarrer und Dekan in Crailsheim.

Musikrätsel II:
Die Ansbach-Kantate
1. Valet für einen Tüchtigen

Ansbach gehört zu den wenigen Städten, deren Namen in den Texten zu Johann Sebastian Bachs Kantaten auftauchen. Die zugehörige Kantate »Non sa che sia dolore« BWV 209 / BC G 50 hat allerdings der Forschung jahrzehntelang Kopfzerbrechen bereitet, sowohl was ihre Echtheit betrifft, als auch was die möglichen Entstehungsumstände angeht. In Ermangelung einer Originalhandschrift und deren Datierungsmöglichkeiten anhand von Wasserzeichen oder Handschriftchronologie können Untersuchungen sich lediglich auf den unterlegten Text stützen sowie mit der gebotenen Vorsicht auf Überlegungen zur Stilistik des Werkes. Da dessen Text sich nicht eben durch ein Übermaß an Deutlichkeit auszeichnet, scheint sich eine gewisse Großzügigkeit im Umgang mit den vorgefundenen Formulierungen von vornherein anzubieten. Anhaltspunkte unterschiedlicher Art enthalten die folgenden Textstellen.

Non sa che sia dolore	Nicht weiß, was Schmerz sei,
Chi dall'amico suo parte	Wer von seinem Freunde scheidet
e non more. (Satz 2)	und nicht stirbt.
Va dunque a' cenni del cielo,	Geh also auf die Zeichen des Himmels,
Adempi or di Minerva il zelo. (Satz 2)	Genüge nun Minervas Eifer!

La patria goderai,	Der Heimat wirst du dich erfreuen,
A dover la servirai.	Nach Gebühr ihr dienen.
Varchi or di sponda in sponda,	Du fährst nun von Ufer zu Ufer,
Propizi vedi il vento e l'onda.(Satz 3)	Günstig siehst du Wind und Welle.

Tuo saver al tempo e l'età contrasta,	Dein Wissen steht in Gegensatz zu dem der Zeit und deinem Alter,
Virtù e valor solo a vincer basta	Tugend und Wert allein genügen zu obsiegen,
Ma chi gran ti farà più che non fusti?	Doch wer wird größer dich machen, als du gewesen bist?
Anspaca, piena di tanti augusti.(Satz 4)	Ansbach, voll so vieler Erhabener.

Qual nocchier, placato il vento,	Wie der Steuermann, wenn der Wind sich gelegt hat,
Più non teme o si scolora,	Nicht mehr sich fürchtet noch erblaßt,
Ma contento in su la prora	Sondern zufrieden auf dem Bug
Va cantando in faccia al mar.(Satz 5)	Singt im Angesicht des Meeres.

Das zweifellos wichtigste Stichwort liefert Satz 4 mit dem Hinweis auf Ansbach. Entgegen den Annahmen älterer Autoren, die zunächst an einen unbekannten Italiener und an eine in dessen Heimat führende Seereise dachten, geht die neuere Forschung davon aus, daß im Text der Kantate so manches meta-

phorisch gemeint ist, daß also weder die in Satz 2 apostrophier-
te »tröstende Mutter« noch auch die im Schlußsatz anklingende
Seefahrt wörtlich zu verstehen sind.

Die jüngste Zusammenfas-
sung und kritische Durchleuchtung früherer Auffassungen zur
Entstehungsgeschichte unserer Kantate und zur Person des
Widmungsempfängers beschäftigt sich insbesondere mit Johann Matthias Gesner und Lorenz Christoph Mizler als möglichen Kandidaten.

Nachdem mit der Deutung des Werkes als Abschiedskantate für einen Gelehrten in aussichtsreicher Position zunächst an
Johann Matthias Gesner und dessen erzwungene Abreise aus
Weimar gedacht worden war, möchte Klaus Hofmann gewisse
textliche Anspielungen eher auf einen noch jungen Gelehrten
beziehen und daher mit der Person Lorenz Christoph Mizlers
verknüpfen. Mizler, der von 1731 an in Leipzig, Altdorf und Wittenberg eine Art Studium generale absolvierte und sich nur gelegentlich eine Pause gönnte, um in die fränkische Heimat zu
reisen, könnte in der Tat ein Anwärter sein; erhebliche Bedenken bleiben gleichwohl bestehen.

Nachstehend soll versucht werden, den Widmungsempfänger
auf einem anderen Weg dingfest zu machen und zugleich Kriterien für eine verläßliche Datierung der Kantate zu gewinnen.
Dabei wird auch der von Hofmann favorisierte »junge Gelehrte«
nicht buchstäblich genommen; die Zeit kannte ein solennes Vi-
vat beziehungsweise ein abendliches Ständchen sowohl für einen beliebten Professor als auch für einen bewährten Studenten.
Huldigungsmusiken dieser Art – sofern sie von Studenten in-
itiiert wurden – konnten von unterschiedlichen Gruppierungen

Vielfach verwendet: die Anfangsworte »Non sà che sia dolore«.
Hier als Madrigal von Luzzasco Luzzaschi, Rom 1601

veranlaßt werden. Üblicherweise waren es Landsleute des zu
Ehrenden, also Landsmannschaften oder »Nationen«. Im Falle
der Bach-Kantate »Entfernet euch, ihr heitern Sterne« zum Geburtstag Friedrich Augusts I. am 12. Mai 1727 waren es beispielsweise die auf kurfürstliche Kosten versorgten Studenten, die
sogenannten Konviktoristen. Eine landsmannschaftliche Ver-
anstaltung kann auch hinter der Darbietung der Kantate »Non
sa che sia dolore« vermutet werden, wenngleich ein Nachweis
nicht leicht zu führen sein dürfte.

In Hinsicht auf den möglichen Zeitpunkt der Aufführung hat
die jüngere Forschung wichtige Belege beibringen können. Dies
betrifft weniger den Eingangssatz mit seinem Rückbezug auf

das schon länger zurückliegende »Non sà che sia dolore chi da la Donna sua parte, e non more« aus der Feder des Giovanni Battista Guarini (1538–1612) als vielmehr zwei Zitate aus aktuellen Operntexten der Zeit. 1981 wies Reinhard Strohm darauf hin, daß Satz 5 der Bach-Kantate mit Ausnahme des ersten Verses dem Libretto der Oper »Semiramide riconosciuta« von Pietro Metastasio (1698–1782) entstammt, einem Text, der zuerst 1729 von Leonardo Vinci (1696?–1730) für Rom und von Nicola Porpora (1686–1768) für Venedig in Musik gesetzt worden ist. 1987 bemerkte Wolfgang Osthoff ergänzend, daß auch der Schluß von Satz 3 Metastasio zitiert: »Varca il mar di sponda in sponda ... Sorger vede il vento e l'onda« (»Galatea«, Neapel 1722).

Wird – als Arbeitshypothese – die Möglichkeit vernachlässigt, daß dem unbekannten Librettisten beziehungsweise Kompilator von »Non sa che sia dolore« die Metastasio-Texte in Gestalt einer Werkausgabe oder aber in musikalischer Form als Einzelarien vorlagen, so bietet sich die Vermutung an, daß die Einbeziehung der Arientexte auf Opernbesuche oder zumindest auf den Zugang zu Operntextbüchern zurückzuführen ist. Der vielfach in Musik gesetzte Semiramide-Text Metastasios erlebte in Leipzig am 6. und 9. Mai 1746 Aufführungen, als das Ensemble Mingottis mit der einschlägigen Komposition von Johann Adolf Hasse (1699–1783) gastierte. Exakt ein halbes Jahr später bot Johann Georg Schürer (1720–1786) in Dresden erstmals die »Galatea«; Wiederholungen reichten bis zum Beginn des Folgejahres. Ebenfalls in Dresden erklang Hasses »Semiramide« am 11. Januar 1747 anläßlich der Vermählung der sächsischen Prinzessin Maria Josepha (* 4. 11. 1731 in Dresden, † 13. 3. 1767 in Versailles) mit dem Dauphin Ludwig (* 4. 9. 1729 in Versailles, † 20. 12. 1765 ebenda), dem nicht zur Regierung gelangten Sohn des französischen Königs Ludwig XVI. (1710–1774).

Die so gewonnenen Datierungsmöglichkeiten sowie die im Kantatentext vorfindbaren Andeutungen zusammenfassend, wäre also eine Person zu suchen, die aus Franken oder eher noch aus Ansbach stammte, sich der Wissenschaft verschrieben und das (vermutlich mehrjährige) Studium mit Erfolg abgeschlossen hatte, nicht durch »blaublütige« Herkunft sondern durch eigene Leistungen aufgefallen war und frühestens Ende 1746 »in patriam«, also nach Ansbach zurückzureisen vorhatte. Nicht die verhaßte Brotarbeit als »Informator« (Hauslehrer) wartete dort, sondern eine verdiente Förderung durch einflußreiche Persönlichkeiten, ein rascher beruflicher Aufstieg. An einen gebürtigen Italiener (»Muttersprachler«) ist sicherlich nicht zu denken; dieser hätte an den Unzulänglichkeiten des mit Mühe und Not zusammengezimmerten Kantatentextes wohl Anstoß genommen. Eher käme ein Deutscher in Frage, der das Italienische zumindest wohlwollend zu würdigen vermochte, vielleicht auch selbst sich an der Erlernung dieser Sprache versucht hatte. Überdies mochte sowohl diesem selbst als auch den Initiatoren der Huldigung bewußt sein, daß in Ansbach die Vorliebe für französische Sprache und Kultur mittlerweile durch eine neuerliche Hinwendung zum Italienischen abgelöst worden war. (Viel später, unter Markgraf Alexander, sollte noch eine »Anglomanie« folgen).

Eine Zusammenschau aller von 1729 bis 1750 an der Universität Leipzig mit Angabe des Herkunftsortes Ansbach nachweisba-

156

ren Studenten und die Gegenüberstellung ihrer Namen mit verschiedenen Nachschlagewerken, an deren Spitze Johann August Vockes *Geburts- und Todten-Almanach Ansbachischer Gelehrten, Schriftsteller und Künstler*, führt zu einem Kandidaten, auf den alle gewünschten Kriterien zutreffen. Das Kalendarium verzeichnet ihn unter dem 30. Dezember, seinem Geburtstag:

30. Beck, Lorenz Albrecht. 1723. (aus Ansbach) Hof- Regierungs- und Justitzrath allda, genoß des öffentlichen und besondern Unterrichts auf dem Gymnasium seiner Vaterstadt, studirte von 1743 an 3 ½ Jahr zu Leipzig, kehrte 1746 zurück, und wurde 1747 Justitzrath und 1752 Hof- und Regierungsrath.
1. *Dissert. de cura famae, viro bono digno praes. Jo. Fridr. Christio. Lips.* 1746.
Rabe J. J. Leichpredigt auf ihn. und dessen Gattin. On. Fol. 1768.

Unter dem 2. Oktober findet sich der Todestag:

Beck, Lorenz Albrecht. † 1768. alt 45 Jahre

Vockes Angaben lassen sich zumindest anhand gedruckter Quellen verifizieren beziehungsweise weiter präzisieren. Zu Inskription, Baccalaureat und Magisterpromotion vermerkt die Leipziger Universitätsmatrikel:

Beck, Laurent. Albert. al Beckius o. Becquius Onoldin. B. i. 24. V. 1743, b. a. im Dec. 1744, m. 16. II. 1747.

Der Abschluß der Ausbildung ist mithin erst Anfang 1747 anzusetzen; Vockes Angabe über eine Rückkehr im Jahre 1746 stützte sich möglicherweise auf ein Druckexemplar von Becks Dissertation.

Ausführlicher berichtet der Tertius der Leipziger Thomasschule, Abraham Kriegel, in seinen Annalen *Nützliche Nachrichten von denen Bemühungen derer Gelehrten, und andern Begebenheiten in Leipzig, Im Jahre 1747. Gedruckt bey Johann Christian Langenheim*:

»den 16 Febr, war die solenne Magister-Promotion, zu welcher der Decanus der philos. Fac. Herr Johann Ehrhard Kapp, *Prof. Eloqu. P. O.* durch eine Schrift von 2 ½ Bogen invitiret, ...(S. 235) ..., worauf die neuen Magistri oder Doctores der Philosophie und der freyen Künste in folgender Ordnung gesetzet werden: [1 Christian Gottfried Matthesius 2 Gottfried Achenwall 3 Johann Friedrich Gebhard 4] Laurent. Albertus Beck, aus Anspach. [5 Johann Erdmann Walther 6 Friedrich Ludwig Böcker 7 Christian Ludwig Kirstein (Kirsten)].

Obige sieben sind bereits durch Diplomata creiret worden. (S. 237)

[Prof. Johann Friedrich Christ schrieb einen Panegyricus] und gab von den Herrn Candidaten folgende Nachricht:

...

4. Herr Laurentius Albert Beck, hat zu Anspach, als einer Mutter vieler Gelehrten, *a.* 1723 das Licht der Welt erblicket, allwo sein Herr Vater ein Secretair und bald ein Rath bey dem Durchl. Fürsten worden; die Fr. Mutter aber ist Christiana Philippina, eine Tochter Herrn Joh. Jac. Becks, obersten Predigers zu S. Johannis. So bald er in das öffentliche Gymnasium daselbst

gegangen, darinne er 9 Jahre unter den geschickten Lehrern, Steinmann, Strebeln, Gereth, deren Treue und Gelehrsamkeit er rühmet, gesessen. Er hörete auch daselbst Theophilum Christ, einen Bruder des hiesigen ber. Professoris. Nachdem sein Herr Vater aus der Zeitlichkeit gegangen, so hat er sich nach Leipzig begeben, und das academische Bürgerrecht unter dem *Rector Magnif.* Herrn Professor Menzen, *a.* 1743 erhalten. Er besuchte die Lehrstunden des hiesigen Christs, und hörte Hebenstreiten, in der Chaldäischen, Syr. Sprache und in dem Rabbinischen, und erhebet diesen Lehrer sehr hoch. In der gantzen Jurisprudentz war er ein Zuhörer Schöns, Sigels, Menckens, Joachims und Zollers. Er war beständig in den Vorlesungen Christs, damit er einen Vorschmack von der allgemeinen Historie, der griech. Philosophie, und von den alten Röm. Gebräuchen bekäme. Nichts weniger hat er nebst der Geometrie die Französische, Italiänische und Engländische, wie die Griechische Sprache gelernet. Solchergestalt hat er den ersten philosophischen Lorbeer zeitlich erhalten. Hierauf vertheidigte er unter Maßgebung Hrn. Prof. Christs, eine öffentliche Disput. *de cura famae,* und verlangte den academischen Lebenslauff zu vollenden, die Magister-Würde; welche auch demselben durch ein Diploma von der Facultät willig beygeleget worden.« (S. 242f.)

Kriegels nicht ganz wortgetreue aber brauchbare Übersetzung nach dem »offiziellen« lateinischen Original gibt einen guten Überblick über die akademische Karriere des Lorenz Albrecht Beck, verrät allerdings nichts von dessen bevorstehender Anstellung in Ansbach. Daß diese noch 1747 erfolgt sein muß, läßt sich den Hof- und Staatskalendern entnehmen. Der im Vorgriff auf 1747 erschienene nennt Becks Namen noch nicht, erwartungsgemäß und pünktlich wird Beck hingegen 1748 als Mitglied des Justizratskollegiums aufgeführt.

Nach dem vorstehend Dargelegten wird Lorenz Albrecht Beck (1723–1768) aus Ansbach, jedenfalls bis zum Beweis des Gegenteils, als derjenige gelten müssen, dem ein Freundeskreis – vermutlich von aus Franken stammenden Studenten – bald nach dem 16. Februar 1747 zum Abschied die Kantate »Non sa che sia dolore« dargebracht hat.

Auf Freundschaften läßt eine gedruckt vorliegende Sammlung von teilweise gereimten lateinischen Glückwünschen schließen, die unter dem 26. März 1746 Johann Erdmann Walther (1725–1763, aus Uffenheim oder Mainbernheim) anläßlich der Verteidigung seiner Arbeit *De aquilae iuventa* dargebracht wurden. (Walther hatte die Universität Leipzig am 28. Mai 1743, also vier Tage nach Beck bezogen; er war später in verschiedenen Pfarrstellen tätig und starb als Dekan von Wassertrüdingen.) Vertreten sind in der Drucksammlung von 1746 Johann Christoph Kind (1718–1793, nachmals Ratsherr in Leipzig), Johann Friedrich Walther als Bruder (immatrikuliert an der Universität Leipzig am 21. Oktober 1745), Johann Sigismund Steinbrenner (1724–1763, nachmals Pfarrer in Petersaurach) sowie Beck, der sein Gedicht mit *Haec amicitiae caussa scripsit Lavrent. Albertvs Beqvivs Onoldisbacensis Phil. Baccal.* zeichnete.

Über Becks Familienverhältnisse ist derzeit nur wenig zu ermitteln. Der Vater Albrecht Beck ist seit 1693 als »Accessionarius« bei der Ansbacher Kammer-Kanzlei nachzuweisen, stieg in der Folgezeit zum Kammersekretär auf und wird ab 1734 mit dem Titel Kanzleirat geführt. Am 10. Februar 1722 heiratete er

J.S. Bach, Kantate BWV 209 »Non sa che sia dolore«. Partitur-Abschrift um 1770/75, Sätze 4 und 5

Christine Philippine geb. Beck. Er starb im Alter von 78 Jahren und wurde am 6. Dezember 1742 begraben. Die Witwe heiratete am 10. Dezember 1743 den Kammerrat Johann Ludwig Hohlfelder; die Trauung fand »in dero Behaußung« statt. L. A. Becks Stiefvater starb im Alter von 74 Jahren und wurde am 25. Mai 1769 begraben.

Bei der Taufe von Lorenz Albrecht Beck am 31. Dezember 1723 waren als Paten ein Hofrat Lorenz Maul sowie der Senior und Pfarrer Albrecht Ernst Codomann (1662–1729) aus Roth zugegen.

Am 6. Februar 1748 heirateten Lorenz Albrecht Beck und Christiana Friederika geb. Niefer, die Tochter des Geheimen Rats Gottfried Immanuel Niefer. Letzterer war bereits 1742 im Alter von 62 Jahren verstorben und am 25. Juli begraben worden. Lorenz Albrecht Beck, »HochFürstl. HoffRath und RegierungsRath«, und seine wenig ältere Ehefrau starben im Alter von nur 45 beziehungsweise 46 Jahren aus noch ungeklärter Ursache kurz nacheinander und wurden am 9. Oktober 1768 gemeinsam begraben. Die Trauerpredigt hielt der Stadtpfarrer Johann Jacob Rabe (1710–1798); sie wurde auch gedruckt.

Wer für den recht und schlecht zusammengestellten italienischen Text der Huldigungskantate verantwortlich war, bleibt allerdings weiter unbekannt, desgleichen das Wann und Wie der Auftragserteilung an den Thomaskantor oder auch die Frage einer möglichen Demarche des Leipziger Thomasorganisten und Universitätsmusikdirektors Johann Gottlieb Görner (1697–1778). Ob der sprachlich etwas problematische Text im Druck vervielfältigt wurde, wissen wir ebensowenig, und auch der Verbleib der Aufführungsstimmen läßt sich nicht mehr klären. Vermutlich wurden letztere den Ausführenden beziehungsweise dem Widmungsempfänger überlassen und sind mittlerweile verlorengegangen. Die Partitur wird Johann Sebastian Bach zurückbehalten haben; möglicherweise war sie Anfang der 1770er Jahre noch greifbar und diente als Vorlage einer Abschrift, die Johann Nikolaus Forkel sich für seine Sammlung von Bachiana anfertigen ließ. Ob der Thomaskantor alle Sätze der Kantate ad hoc neu komponiert oder aber teilweise auf älteres Gut zurückgegriffen hat, ließe sich nur nach Wiederauffindung seiner Partitur beurteilen. Gleiches gilt für die Frage, ob er – etwa für die abschließende Arie – Unterstützung aus seinem Schülerkreis erhalten hat, beispielsweise von seinem nachmaligen Schwiegersohn und »lieben ecolier« Johann Christoph Altnickol. Hier haben Stiluntersuchungen einzusetzen, um unsere Beobachtungen am Text zu ergänzen, zu präzisieren oder auch zu widerlegen.

2. Mögliche Mäzene –
die Freiherren von Lyncker

Über die dienstlichen Obliegenheiten Lorenz Albrecht Becks in Ansbach wissen wir derzeit nichts, und vielleicht war seine Tätigkeit im Justizratskollegium in Wahrheit wie bei vielen seiner Zeitgenossen eine Sinekure. Von Belang ist jedoch die Frage, wie er zu so schnellem Aufstieg in Ansbach gelangen konnte. Hier richtet sich der Blick auf seinen Vorgesetzten, nach Angabe des *Address- und Schreib-Calenders* von 1748 »Ernst Christian Frey-Herr von Lyncker.« Dessen Sohn studierte seit dem 13. Juni 1746 in Leipzig und könnte dem Vater seinen Kommilitonen Beck als für die Neubesetzung einer Stelle besonders geeignet empfohlen haben. Diese Mutmaßung – mehr ist es derzeit nicht – rechtfertigt einen Blick auf die Familiengeschichte derer von Lyncker, ihren Weg von Jena über Wien, Ansbach und Leipzig nach Weimar und ihre Kontakte mit der Bach-Familie.

Stammvater des hier zu betrachtenden Zweiges der in Hessen, Thüringen, Schlesien und Brandenburg ansässigen Familie von Lyncker ist der berühmte Rechtsgelehrte und Reichshofrat Nicolaus Christoph von Lyncker (* 2. April 1643 in Marburg, † 28. Mai 1726 in Wien). Dessen 1676 geschlossener Ehe mit Margaretha Barbara Widmarkter (* 21. Dezember 1653 in Eisenach, † 13. Januar 1695 in Jena) entstammten mehrere Söhne, unter ihnen Baron Wilhelm Ferdinand (getauft 4. Februar 1687 in Jena, † 26. Oktober 1713 in Weimar), der am 24. November 1710 bei der Taufe Wilhelm Friedemann Bachs als namengebender Pate in Erscheinung trat. Wieso er von dem Weimarer Hoforganisten

Johann Sebastian Bach zu Gevatter gebeten worden ist, entzieht sich unserer Kenntnis; möglicherweise war er wie der gleichfalls frühverstorbene Page Adam Friedrich Wilhelm von Jagemann (1695–1713) Schüler Johann Sebastian Bachs.

Ein älterer Bruder Wilhelm Ferdinands war Ernst Christian von Lyncker (* 27. März 1685 [in Jena?], † 8. Dezember 1750 in Ansbach), nachmals in Ansbach der bereits erwähnte Vorgesetzte von Lorenz Albrecht Beck. Nach Angabe seines Enkels besaß er ein bedeutendes Vermögen, kann also durchaus als Mäzen in Erscheinung getreten sein. Von 1720 bis mindestens 1730 hatte er als Geheimer Legationsrat in Wien in den Diensten des Herzogs Eberhard Ludwig von Württemberg gestanden und war danach in Brandenburg-preußische Dienste getreten. In Wien war er in der Ära des Kaisers Karl VI. gleichzeitig mit seinem Vater Nicolaus Christoph tätig, der ihm die Stelle als Gesandter verschafft haben könnte. An dessen 82. Geburtstag (2. April 1725) heiratete er in Wien Wilhelmina Friederica Freiin von Seckendorff-Aberdar. Aus dieser Ehe gingen neben mehreren Töchtern sechs Söhne hervor, die später teils in Bayreuth, Schlesien und Preußen tätig wurden, teils auch in Thüringen. Musikgeschichtlich von Belang ist Ernst Christians für 1742 belegte erfolgreiche Vermittlung in Erbschaftsstreitigkeiten am württembergischen Hof.

Der vierte Sohn Ernst Christians war Heinrich Ferdinand Christian von Lyncker (* 28. Juli 1732 in Ansbach, † 3. September 1811 in Arnstadt), der nach dem Studium an der Universität Halle zunächst Hofrat im thüringischen Hildburghausen wurde, sodann als fürstlich Schwarzburgischer Kanzler in den Diensten des Sondershäuser Hofes stand und zuletzt als Sondershäuser Konsistorialpräsident in Arnstadt tätig war. Als Student in Halle erhielt er den ehrenvollen Auftrag, auf den Geburtstag Friedrichs II. am 24. Januar 1758 anläßlich eines von diesem errungenen militärischen Sieges eine Rede zu halten. Der Festakt wurde von Wilhelm Friedemann Bach mit der Aufführung der Kantate »O Himmel, schone« (Fk 90) umrahmt.

Der älteste Sohn Ernst Christians war Carl Friedrich Ernst (* 8. Februar 1727 [in Wien?], † 17. März 1801 in Weimar). Wie erwähnt, studierte dieser seit 1746 in Leipzig. Ob er hier in Beziehung zu Johann Sebastian Bach trat oder etwa gar dessen Unterricht genoß, wissen wir nicht. Carl Friedrich Ernst von Lyncker begann seine Laufbahn als Kammerjunker und später Regierungsrat am Hofe des 1729 bis 1757 regierenden »wilden Markgrafen« Carl Wilhelm Friedrich in Ansbach und zog sich anschließend auf seine Güter zurück. Deren ständig schwindender Ertrag brachte ihn in erhebliche Schwierigkeiten, die auch durch eine von Herzogin Anna Amalia veranlaßte Berufung als Landschaftsdirektor an den Weimarer Hof (1763) nicht dauerhaft behoben wurden. Hier wurde er zunächst Vizepräsident und 1775 Präsident des Oberkonsistoriums, bekleidete also ein Amt, das traditionell mit Juristen besetzt wurde. Als Präsident hatte er 1776 die Verhandlungen um die Berufung Johann Gottfried Herders zum Generalsuperintendenten zu führen. Auf diese Weise wurde er Herders Vorgesetzter und zugleich dessen Gegenspieler im Oberkonsistorium. Immer wieder gelang es ihm hier, durch Mehrheitsentscheidungen die Reformversuche Herders zu unterbinden.

Daran änderte sich auch nichts, als Herzog Carl August am 3. Mai 1789 Herder mitteilte, er wolle seine Schulden bezahlen sowie »Ihm zum Vice Consistorial Presidenten mit der Versicherung ernennen, daß er nach Abgang von Lynckern die würkliche Presidentenstelle erhalten solle.« Dieser »Abgang« ließ auf sich warten, und so formulierte Herder gelegentlich ein Epigramm »An das Krucifix im Konsistorium« mit der Schlußzeile »Vater, vergib! denn d i e wissen ja n i e, was sie thun.« Herders Witwe Caroline geb. Flachsland klagte später, daß der arme Vater jede Session habe wahrnehmen müssen, ohne je einen Vertreter entsenden zu können. Wörtlich heißt es in den Lebenserinnerungen der Caroline: »Da der alte Präsident, ungeachtet er fast blind war, zu jeder Session kam, so mußte Herder unter ihm, einem grämlichen Greisen, das Präsidium führen, und war so gänzlich gelähmt. Und dieses dauerte zwölf Jahre.« Erst im Juni 1801 konnte Herder die versprochene Nachfolge antreten, doch war ihm nur eine kurze Amtszeit als Präsident beschieden; er starb bereits im Dezember 1803.

Carolines bissige Charakteristik, die sich vermutlich auf manche Klage Herders berufen kann, ist von der Goethe- und vor allem von der Herder-Forschung oftmals unreflektiert übernommen und unbesehen fortgeschrieben worden. Ob eine exakte Untersuchung der Arbeit des Weimarer Oberkonsistoriums im letzten Viertel des 18. Jahrhunderts eine Änderung bewirken könnte, muß dahingestellt bleiben. Große Verluste an einschlägigen Akten scheinen einem solchen Plan entgegenzustehen.

Gleichwohl bereitet es nicht allzuviel Mühe, ein differenzierteres Bild von Carl Friedrich Ernst von Lyncker zu gewinnen. Glücklicherweise hat dessen Sohn – also der Urenkel des eingangs genannten Reichshofrats Nicolaus Christoph – Carl Wilhelm Heinrich von Lyncker auf Flurstedt und Kötschau (* 18. Januar 1767, † 31. Januar 1843), Patenkind der Charlotte von Stein, später Hauptmann und Kammerrat in Rudolstadt, 1809 Landrat des Kreises Jena, seit 1815 Oberst, Aufzeichnungen über seine am Weimarer Hof verbrachte Jugendzeit hinterlassen, die nicht nur allgemein ein kennenswertes Kulturbild aus der Goethezeit liefern, sondern auch speziell dem Vater Gerechtigkeit widerfahren lassen. Ergänzt werden diese Memoiren durch mündliche Mitteilungen an einen Zeitgenossen, die jener wie folgt zusammenfaßte:

»Das Haus des Ober-Konsistorial-Präsidenten v. Lynker war ein Haupt-Stapelplatz des literarischen, vorzugsweise des dramatischen Lebens jener Weimarischen Kunst-Epoche. Zur Zeit der Herzogin Anna Amalia hatte sich unter Anführung Herrn v. Lynker's eine namhafte Gesellschaft junger Herren und Damen von Adel gebildet, welche sich das Lynker'sche Frei-Korps nannte und von deren Lustbarkeiten auf den v. Lynker'schen Rittergütern zu Kötschau und Flurstedt viel Merkwürdiges erzählt wird.«

Nach dem Brand des Weimarer Schlosses (1774) wurde unter Goethes Leitung anderweitig Theater gespielt; zur Verfügung standen zwei verschiedene Bühnen, eine französische und eine deutsche: »Auf der Französischen Bühne glänzte besonders der nachmalige Ober-Konsistorial-Präsident v. Lynker in fein comischen Alten, was man damals Mantelrollen nannte.« Nachweisbar ist von Lynckers Mitwirkung in Stücken (beziehungsweise Bearbeitungen) von Destouches, Gozzi, Beaumarchais(?) und möglicherweise Goethe in den Jahren 1776 und 1778. War Musik vonnöten, so kam ab 1775 der als Kammerherr nach Weimar übergesiedelte Musiker, Dichter und Diplomat Siegmund Carl Friedrich von Seckendorff-Aberdar (1744–1785) zum Zuge.

Mit diesem Familiennamen schließt sich gleichsam ein Kreis. Denn »Christoph Friedrich von Seckendorff[-Aberdar, 1679–1759] war jahrzehntelang der führende Minister in Ansbach. Er hatte als Mitarbeiter seine beiden Schwiegersöhne, die Geheimen Räte [Ernst Christian] von Lynker [1685–1750] und von Voit.« Dieser ältere Seckendorff kann 1747/48 ebensogut wie sein Schwiegersohn Lyncker zu den Förderern Lorenz Albrecht Becks gehört haben. Der jüngere Seckendorff, Christoph Ludwig von Seckendorff-Aberdar (1709–1781), Neffe des vorge-

Das Blaue Schloss zu Obernzenn. Stammsitz der Freiherren v. Seckendorff-Aberdar

nannten, der nachmals in Ansbach den Einfluß seines Oheims in dessen letzten Jahren mehr und mehr zu beschränken verstand und schließlich dessen Stelle einnahm, gehörte 1727 zu den Zuhörern, die am 12. Mai in Leipzig die Darbietung der Bach-Kantate »Entfernet euch, ihr heitern Sterne« erlebten.

Epilog:
Parerga und Zeitsprung

Der Betrachtung einer Reihe von Gestalten, die eine direkte Verbindung zwischen Johann Sebastian Bach und Ansbach repräsentieren, indem sie entweder aus Ansbach kommend in Bachs Sphäre gelangt waren, oder umgekehrt seinen Einfluß zeitweilig oder für dauernd nach dem Süden trugen, mögen Hinweise zu zwei Personen folgen, die ein wenig außerhalb dieser eng gezogenen Grenzen stehen. (Ausgeklammert bleiben muß der Sonderfall der Operndiva Christiane Paulina Kellner, der Ansbach im Zeitraum 1674 bis 1686 den Beginn ihres Aufstiegs bescherte und die nach 1694 noch einmal für ein knappes Jahrzehnt in die fränkische Residenz zurückkehrte; ob und wann sie vor 1720 in Weißenfels als Gesangslehrerin der Anna Magdalena Wilcke vor deren Heirat mit dem Anhalt-Köthenischen Hofkapellmeister Johann Sebastian Bach tätig geworden sein könnte, bedarf noch eingehender Untersuchung).

Im ersten, dem 18. Jahrhundert und hier noch dem Zeitalter J. S. Bachs zuzurechnenden Fall geht es um den im Berliner Freundeskreis Carl Philipp Emanuel Bachs so bezeichneten »Doktor Stahl«, mit dessen Namen – Georg Ernst Stahl – die ältere Forschung nichts anzufangen wußte, obwohl bekannt war, daß Wilhelm Friedemann Bach jenem von Dresden aus seine Erstveröffentlichung – die Cembalosonate D-Dur – mit einer freundschaftlichen Widmung vom 16. März 1745 dediziert, und auch Carl Philipp Emanuel Bach mit einem zehn Jahre später gedruckten Charakterstück »La Stahl« aufgewartet hatte. Erst 1913 wurde durch die Teilveröffentlichung der »Briefentwürfe« Johann Elias Bachs bekannt, daß der Thomaskantor im August 1741 während eines Berlin-Besuchs offenbar im Hause des Genannten gewohnt hatte. Für mehr Klarheit sorgte zwei Jahrzehnte später die Ermittlung der Lebensdaten. Hiernach handelt es sich um zwei Personen gleichen Namens, beide Mediziner, beide langjährig beziehungsweise durchgängig in Berlin tätig. Georg Ernst Stahl d. Ä. wurde am 21. Oktober 1659 in Ansbach als Sohn eines protestantischen Kirchenbeamten geboren, war ab 1687 Leibarzt des Weimarer Herzogs Johann Ernst (1664–1707), ab 1694 Professor an der Universität Halle, wo auch Johann Wolfgang Künstel zu seinen Schülern zählte, und ab 1715 Leibarzt des preußischen Königs Friedrich Wilhelm I. in Berlin; hier starb er am 15. Mai 1734. Sein gleichnamiger Sohn entstammte der dritten Ehe des Vaters, wurde am 6. Mai 1713 in Halle/S. geboren und stieg relativ schnell zum »Kgl. Preuß. Hoff Rath und Doctor Medicinae« auf. Am 19. September 1741 heiratete er die Apothekerstochter Johanna Elisabeth Schrader; diese stand als »Fr[au] Hofräthin Stahlen« am 10. Dezember 1745 zusammen mit »Herrn Capellmeister [J. S.] Bach« Pate bei dem erstgeborenen Sohn Carl Philipp Emanuel Bachs, Johann August Bach. Zwei Jahre später, am 11. September 1747, hießen die Paten der Tochter Anna Carolina Philippina »H[err] Hofrath Stahl« und »Frau N. [*nomen nescio*] Bachin, Capellmeisters Ehefrau in Leipzig«.

Erhellten schon diese Patenschaften und der für 1741 dokumentierte Besuch J. S. Bachs »auf der Neustadt unter den Linden in seinem [Stahls] Hause« die engen Beziehungen zwischen den Familien Stahl und Bach, so sorgte doch ein erst in neuerer Zeit geglückter Nachweis für das eigentliche Glanzlicht: Zur Hochzeitsfeier am 19. September 1741 hatte der Thomaskantor eine Neufassung seiner Soprano-solo-Kantate »O holder Tag, erwünschte Zeit« BWV 210, eines mutmaßlichen Favoritstücks Anna Magdalena Bachs, bereitgestellt und dem Brautpaar einen zum Teil eigenhändig geschriebenen Stimmensatz dieser Fassung geschenkt. Allzu lange hatte das junge Glück nicht Bestand: Johanna Elisabeth Stahl starb bereits 1763 mit nur 38 Jahren, Dr. Stahl folgte ihr am 8. November 1772. Als ein Jahr später seine Sammlungen versteigert wurden, nannte der gedruckte Katalog unter den in größerer Zahl angebotenen Musikalien neben den erwähnten Kantatenstimmen auch ein Exemplar des 1747 gedruckten *Musikalischen Opfers*. Nicht auszuschließen ist die Möglichkeit, daß J. S. Bach seine letzte Reise nach Potsdam und Berlin im Mai 1747 dazu genutzt hat, trotz aller Beanspruchung durch Orgelvorträge und Instrumentenbegutachtungen doch auch der befreundeten Familie Stahl einen Besuch abzustatten.

Das zweite Beispiel mit Ansbach-Bezug ist im 19. Jahrhundert angesiedelt. Auch hier geht es um ein Bach-Autograph, die eigenhändige Niederschrift der E-Dur-Partita BWV 1006a, einer Bearbeitung der Violino-solo-Partita E-Dur für ein nicht näher bezeichnetes Instrument, Laute oder Lautenclavier. Die besonders schön geschriebene Bearbeitung könnte sich 1790 im Nachlaß Carl Philipp Emanuel Bachs in Hamburg befunden haben, über den Hamburger Sammler Georg Poelchau (1773–1836) an Aloys Fuchs (1799–1853) in Wien gelangt sein und durch diesen an Franz Hauser (1794–1870) in München. Hauser, sonst ein

J.S. Bach. Kantate BWV 210 »O holder Tag, erwünschte zeit«. Autographes Particell für Sopran und Basso continuo. Schluss von Satz 9 mit Nennung des Namens Stahl

überaus engagierter Bach-Sammler, behielt merkwürdigerweise das Unikat nicht für sich, sondern gab es mit einer Widmung an einen Kollegen weiter: »Herrn Otto Scherzer zum Andenken. München d. 24 Dec. [18]59 von Franz Hauser.« Diese Handschrift setzte ihre Wanderung durch Privatsammlungen bis in die 1960er Jahre fort und wurde dann nach Japan verkauft.

Der glückliche Besitzer des Weihnachts- und vielleicht auch Abschiedsgeschenks von 1859, Otto Scherzer, stammte aus Ansbach. Hier wurde er am 24. März 1821 als Sohn eines Stadtkantors geboren, war ab 1839 als Geiger in der Stuttgarter Hofkapelle tätig und wurde 1854 als Professor für Orgel und später für Ensemblespiel an das Münchener Konservatorium berufen. 1860 bis 1877 wirkte er als Universitätsmusikdirektor in Tübingen und starb am 23. Februar 1886 in Stuttgart. Bei seinem Vater handelt es sich offensichtlich um Adolph Philipp Scherzer, der, ursprünglich Hautboist, am 16. Juni 1806 seine Bestallung zum Stadtkantor erhalten hatte. Als solcher führte er 1815 in den sogenannten Winter-Konzerten die »Jahreszeiten« von Haydn auf. Sein lange in Familienbesitz verwahrter Nachlaß einschließlich eines Musikalienverzeichnisses wurde später dem Stadtarchiv Nürnberg übergeben.

Exakt drei Jahrhunderte sind bis heute seit der Geburt des aus alter Ansbacher Familie stammenden Berliner Mediziners und Freundes der Bach-Familie Georg Ernst Stahl vergangen. Genau ein Jahrhundert weniger beträgt die Zeitspanne zwischen dem anzunehmenden letzten Besuch des Thomaskantors bei der befreundeten Familie im Jahre 1747 und dem Beginn der neuzeitlichen Ansbacher Bach-Tradition mit der Bach-Woche von 1947 in

Pommersfelden. Deren bescheidene Anfänge und der jahrzehntelange Prozeß der Weiterentwicklung und Konsolidierung bis zum heutigen Status sind schon des öfteren beschrieben worden; die Schilderung soll an dieser Stelle nicht wiederholt werden. Immer wieder in Erinnerung gerufen zu werden verdienen jedoch die Situation nach dem Ende des verheerenden Zweiten Weltkriegs und die Rolle von Kunst und Kultur bei der Suche nach irgendeinem Halt und nach ein wenig Hoffnung. Die Aufzählung der Begleitumstände jener Jahre würde Bände füllen und könnte gegenwärtig doch nur noch einen schwachen Eindruck hinterlassen. Ruinenlandschaften in den meisten Städten, Hunger, Kälte, Stromabschaltungen, Geldentwertung – dieser Kontext ist schwer vermittelbar und nur denen gegenwärtig, die diese Zeit miterlebt haben. Ein kaum spielfähiges Theater in einem notdürftig hergerichteten Ausweichquartier, ein entlegener Ersatz-Konzertsaal, der in stundenlanger Anfahrt mit unzulänglichen öffentlichen Verkehrsmitteln erreicht werden konnte, das alles wurde oft und gern in Kauf genommen, um aus der Kunst Kraft zu schöpfen zur Bewältigung eines Alltags, der in Wirklichkeit doch nicht zu bewältigen war.

Daß bei der mühsamen Wiederaufforstung neben der Musik Wolfgang Amadeus Mozarts derjenigen Johann Sebastian Bachs eine Sonderstellung eingeräumt wurde, hat mit Erfahrungen in den zwölf dunkelsten Jahren der deutschen Geschichte zu tun: Werke von Richard Wagner, Anton Bruckner, Georg Friedrich Händel, Beethoven und anderen waren häufig genug von den braunen Machthabern vereinnahmt worden und mußten sich erst von dieser unerwünschten Last befreien. Die Kompositionen Johann Sebastian Bachs hatten sich hingegen als durchaus

Bach: h-Moll-Messe - Abschlusskonzert der Bachwoche Ansbach 2011 in St. Gumbertus

resistent erwiesen, abgesehen von einigen kläglichen Versuchen, Schlüsselwörter wie »Zion« oder »Israel« zu eliminieren. Und so ist es nicht verwunderlich, daß schon bald nach Kriegsende – beginnend mit 1946 – in nicht wenigen Städten Bach-Tage, -Wochen oder –Feste veranstaltet wurden. Den Anfang machte im März 1946 bemerkenswerterweise Hermannstadt/ Sibiu in Rumänien, dicht gefolgt von Weimar und Leipzig. Dergleichen Veranstaltungen fanden in den »klassischen« Bach-Städten Eisenach, Weimar und Leipzig von da an jährlich statt, konnten damit auch Traditionen fortführen. Anderwärts war ein solches Anknüpfen nicht möglich, mußten für einen Neubeginn Initiatoren auftreten, Mitwirkende gefunden und ein Publikum gewonnen werden. Dergleichen vollzog sich 1946 im

Bachwochen-Konzert mit dem Windsbacher Knabenchor in St. Johannis

schweizerischen Schaffhausen und in Greifswald, 1947 in Reutlingen, 1949 in Flensburg. In diesen Kontext gehören Pommersfelden 1947 ebenso wie Ansbach 1948. Einige der vorgenannten Städte haben – jedenfalls nach heutiger Kenntnis – tatsächlich keine historische Verbindung zu Johann Sebastian Bach vorzuweisen. Demgegenüber läßt sich unschwer aufzeigen, daß es mit Ansbach anders steht. Wenn, auch, wie eingangs bemerkt, ein Aufenthalt Johann Sebastian Bachs in der fränkischen Residenz nach bisheriger Kenntnis nicht zu belegen ist, so zeigen doch die reichhaltigen personalen Verflechtungen, daß Ansbach gegenüber vielen anderen Städten in Vergangenheit, Gegenwart und Zukunft eine Vorzugsstellung gebührt: *Ansbaca, piena di tanti Augusti.*

ANHANG

Die Markgrafen von Brandenburg-Ansbach im späten 16., späten 17. und im 18. Jahrhundert

Georg Friedrich [I.] von Brandenburg-Ansbach-Kulmbach[1]
  * 5. 4. 1539 Ansbach † 25. 4. 1603 Ansbach

* * *

Johann Friedrich von Brandenburg-Ansbach
  * 8./18. 10. 1654 Ansbach † 22. 3. 1686 Ansbach[1], reg. ab 21. 10. 1672
  ∞ [1] 5. 2. 1673 Durlach[1] Johanna Elisabeth, Markgräfin von Baden
  und Hochberg
  * 6./16. 11. 1651 Durlach oder Karlsburg † 28. 9./8. 10. 1680 Ansbach
  ∞ [2] 4. 9. 1681 Eisenach[1] Eleonore Erdmuthe Louise von Sachsen-
  Eisenach
  * 13. 4. 1662 Friedewald[1] † 9. 9. 1696 Pretzsch[1]
  Sie ∞ [2] 17. 4. 1692 Leipzig[1] Johann Georg IV., Kurfürst von
  Sachsen (1668–1694)

Christian Albrecht von Brandenburg-Ansbach
  * 8./18. 9. 1675 Ansbach † 6./16. 10. 1692 Ansbach oder
  Frankfurt/M. (unter Vormundschaft)

Georg Friedrich [II.] von Brandenburg-Ansbach
  * 25. 4. /3. 5. 1678 Ansbach † 29. 3. 1703 bei Schmidmühlen[2],
  reg. ab 23. 7. 1694

Wilhelm Friedrich von Brandenburg-Ansbach
  * 29. 12. 1685 / 8. 1. 1686 Ansbach † 7. 1. 1723 Unterreichenbach[2],
  reg. ab 1703

∞ 28. 8. 1709[2] Stuttgart Christiane Charlotte von Württemberg-
    Winnental
* 20. 8. 1694 Kirchheim/TeckI † 25. 12. 1729 Ansbach[2]

Carl Wilhelm Friedrich von Brandenburg–Ansbach
    * 12. 5. 1712 Ansbach † 3. 8. 1757 Gunzenhausen, reg. ab 30. 5. 1729
    ∞ 30. 5. 1729 Berlin Friederike Louise von Preußen
    * 28. 9. 1714 Berlin † 4. 2. 1784 Schloß Unterschwaningen bei
    Ansbach

Christian Friedrich Carl Alexander von Brandenburg-Ansbach und
    Bayreuth
    * 24. 2. 1736 Ansbach † 5. 1. 1806 Schloß Benham bei Speen /
    England, reg. 1757–1791
    ∞ [1] 22. 11. 1754 Coburg Friederike Caroline von Sachsen-Coburg-
    Saalfeld
    * 24. 6. 1735 Coburg † 18. 2. 1791 Unterschwaningen
    ∞ [2] 30. 10. 1791 Lissabon Elizabeth Craven geb. Berkeley
    * 17. 12. 1750 Spring Gardens † 13. 1. 1828 Posillipo / Neapel

[1] Daten alten Stils; [2] Daten neuen Stils (ab 1700).

Literaturabkürzungen

ADB	*Allgemeine Deutsche Biographie*, Bd. 1–56, Leipzig 1875–1912
AfMw	*Archiv für Musikwissenschaft*, 1918/19–1926, 1953ff.
AlmBw	*Bachwoche Ansbach. Offizieller Almanach.* Herausgeber *Bachwoche Ansbach*, 1969ff.
BJ	*Bach-Jahrbuch*, 1904ff.
Briefe GPT	Hans Große / Hans Rudolf Jung (Hrsg.),*Georg Philipp Telemann, Briefwechsel. Sämtliche erreichbare Briefe von und an Telemann*, Leipzig 1972
Briefe JGW	Klaus Beckmann / Hans-Joachim Schulze (Hrsg.), *Johann Gottfried Walther, Briefe*, Leipzig 1987
Briefe LCM	Hans Rudolf Jung / Hans-Eberhard Dentler (Hrsg.), *Briefe von Lorenz Mizler und Zeitgenossen an Meinrad Spiess (mit einigen Konzepten und Notizen)*, in: Studi Musicali XXXII (2003), N. 1, S. 73–196
BWV	Wolfgang Schmieder, *Thematisch-systematisches Verzeichnis der musikalischen Werke von J. S. Bach. Bach-Werke-Verzeichnis*, Leipzig 1950; 2. überarbeitete und erweiterte Ausgabe, Wiesbaden 1990
Dok I–VII	*Bach-Dokumente*, hrsg. vom Bach-Archiv Leipzig, Kassel etc. und Leipzig 1963ff.
Dok I	*Schriftstücke von der Hand Johann Sebastian Bachs, vorgelegt und erläutert von Werner Neumann und Hans-Joachim Schulze*, 1963
Dok II	*Fremdschriftliche und gedruckte Dokumente zur Lebensgeschichte Johann Sebastian Bachs 1685–1750, vorgelegt und erläutert von Werner Neumann und Hans-Joachim Schulze*, 1969

Dok III	*Dokumente zum Nachwirken Johann Sebastian Bachs 1750–1800, vorgelegt und erläutert von Hans-Joachim Schulze, 1972*
Dok V	*Dokumente zu Leben, Werk und Nachwirken Johann Sebastian Bachs 1685–1800. Neue Dokumente. Nachträge und Berichtigungen zu Band I–III. Vorgelegt und erläutert von Hans-Joachim Schulze unter Mitarbeit von Andreas Glöckner, 2007*
Dok VII	*Johann Nikolaus Forkel, Ueber Johann Sebastian Bachs Leben, Kunst und Kunstwerke (Leipzig 1802). Edition · Quellen · Materialien, vorgelegt und erläutert von Christoph Wolff unter Mitarbeit von Michael Maul, 2008*
Ehren-Pforte	*Johannes Mattheson, Grundlage einer Ehren-Pforte, woran der Tüchtigsten Capellmeister, Componisten, Musikgelehrten, Tonkünstler etc. Leben, Wercke, Verdienste etc. erscheinen sollen. Zum fernern Ausbau angegeben von –, Hamburg 1740. Vollständiger, originalgetreuer Neudruck mit gelegentlichen bibliographischen Hinweisen und Matthesons Nachträgen hrsg. von Max Schneider, Berlin 1910; Reprint Kassel etc.* und Graz 1969
Forkel	Johann Nikolaus Forkel, *Ueber Johann Sebastian Bachs Leben, Kunst und Kunstwerke, Leipzig 1802*
JbMBM	*Ständige Konferenz Mitteldeutsche Barockmusik, Jahrbuch, 1999–2006*
JbSIM	*Staatliches Institut für Musikforschung Preußischer Kulturbesitz, Jahrbuch 1968 ff.*
Jöcher	Christian Gottlieb Jöcher, *Allgemeines Gelehrten-Lexicon*, Bd. 1–4, Leipzig 1750–1751; Reprint Hildesheim 19760/61

JöcherE	(Jöcher); *Fortsetzung und Ergänzungen von Johann Christoph Adelung und Heinrich Wilhelm Rotermund,* Bd. 1–7, Leipzig, Delmenhorst und Bremen 1784–1897; Reprint Hildesheim 1960/61
Kb	Kirchenbuch
LBB	*Leipziger Beiträge zur Bach-Forschung,* Hildesheim • Zürich • New York 1995 ff.
LBB 3	*Die Briefentwürfe des Johann Elias Bach (1705–1755). Hrsg. u. kommentiert von Evelin Odrich und Peter Wollny. Mit Beiträgen zum Leben und Wirken Johann Elias Bachs von Hans-Joachim Schulze, Evelin Odrich, Martin Petzoldt und Peter Wollny,* 2000; *Zweite, erweiterte Auflage* 2005
LBB 8	*Die Bach-Quellen der Sing-Akademie zu Berlin. Katalog, bearbeitet von Wolfram Enßlin, Band I/II,* 2006
Musikalische Bibliothek	*Lorenz Mizlers Neu eröffnete Musikalische Bibliothek Oder Gründliche Nachricht nebst unpartheyischem Urtheil von musikalischen Schriften und Büchern, Bd. I–IV/1,* Leipzig 1736–1754; Reprint Hilversum 1966
NBA	*Neue Bach-Ausgabe,* Kassel etc. und Leipzig 1954–2007
NDB	*Neue Deutsche Biographie,* Berlin 1953ff.
NV	*Verzeichnis des musikalischen Nachlasses des verstorbenen Capellmeisters Carl Philipp Emanuel Bach, Hamburg 1790.* Reprint New York & London 1981 (ed. Rachel W. Wade); Buren/NL 1991 (ed. William S. Newman)
PfB S.-A.	*Pfarrerbuch der Kirchenprovinz Sachsen,* Bd. 1–10, Leipzig 2003–2009
Schiedermair	Ludwig Schiedermair, *Bayreuther Festspiele im Zeitalter des Absolutismus. Studien zur Geschichte der deutschen Oper,* Leipzig 1908

Schmidt 1933   Gustav Friedrich Schmidt, *Die frühdeutsche Oper und die musikdramatische Kunst Georg Caspar Schürmanns*, Bd. *I/II*, Regensburg 1933, 1934

Schmidt 1956   Günther Schmidt, *Die Musik am Hofe der Markgrafen von Brandenburg-Ansbach vom ausgehenden Mittelalter bis 1806*, Kassel und Basel 1956

Schreibmüller   Hermann Schreibmüller *Das Ansbacher Gymnasium 1528–1928*, Ansbach 1928

SIMG   *Sammelbände der Internationalen Musikgesellschaft*, 1899–1914

Störkel   Arno Störkel, *Christian Friedrich Carl Alexander. Der letzte Markgraf von Ansbach-Bayreuth*, Ansbach 1998

Vocke   Johann August Vocke, *Geburts- und Todten-Almanach Ansbachischer Gelehrten, Schriftsteller, und Künstler, Teil I/II*, Augsburg 1796, 1797; Reprint Neustadt/A. 2001

WL   Johann Gottfried Walther, *Musicalisches Lexicon Oder Musicalische Bibliothec*, Leipzig 1732; Reprint Kassel 1953

Zedler   *Großes vollständiges Universal Lexicon aller Wissenschafften und Künste*, Leipzig 1732–1754; Reprint Graz 1961–1964

ZfMw   *Zeitschrift für Musikwissenschaft*, 1918–1935

Literatur und Quellen

Tour d'horizon: Johann Sebastian Bach und der
süddeutsche Raum
Hans-Joachim Schulze / Christoph Wolff (Hrsg.), *Johann Sebastian Bach
und der süddeutsche Raum. Aspekte der Wirkungsgeschichte Bachs. Symposi-
um des 65. Bachfestes der Neuen Bachgesellschaft München 1990*, Regensburg 1991; Dietz-Rüdiger Moser (Hrsg.), *Bach in Bayern. Beiträge zu einer
Geschichte der Rezeption Johann Sebastian Bachs im oberdeutschen Raum*,
München 2000 (Begleitband zur Ausstellung »Bach in Bayern«...
[München] vom 5. bis zum 19. Mai 2000); Franz Krautwurst, *Johann
Bach (1604–1673) und sein Bruder Heinrich (1615–1692) als Musiker in
Schweinfurt (1633–1636)*, in: Jahrbuch für fränkische Landesforschung
36, 1976, S. 65–79; LBB 3; Hermann Kock, *Genealogisches Lexikon der Fa-
milie Bach, bearbeitet und aktualisiert von Ragnhild Siegel*, Gotha 1995; An-
drew Talle, *Nürnberg, Darmstadt, Köthen – Neuerkenntnisse zur Bach-Über-
lieferung in der ersten Hälfte des 18. Jahrhunderts*, BJ 2003, S. 143–172; NBA
IV/4 Krit. Bericht, S. 19; Conrad Freyse, *Die Ohrdrufer Bache in der Silhou-
ette. Johann Sebastian Bachs ältester Bruder Johann Christoph und seine
Nachkommen*, Eisenach und Kassel 1957; Rainer Trunk, *Quellen zum
Ohrdrufer Zweig der Musikerfamilie Bach im Hohenlohe-Zentralarchiv Neu-
enstein*, in: Württembergisch Franken 86, 2002, S. 395–402; Briefe
LCM; Dok I, S. 254–267; Dok II, S. 64f., 169; Dok III, S. 211, 289; Dok V,
S. 151, 164, 170, 181, 191f.,

Musikrätsel I: Der Riccio-Wettlauf
Harald Schieckel, *Johann Sebastian Bachs Auflösung eines Kanons von Teodoro Riccio*, BJ 1982, S. 125–128; ders., *Findbuch zur Stammbuchsammlung
16.–18. Jahrhundert mit biographischen Nachweisen*, Oldenburg 1986 (Veröffentlichungen der Niedersächsischen Archivverwaltung. Inventare
und kleinere Schriften des Staatsarchivs in Oldenburg. Heft 28), S.

30ff., 408; *Biographisches Lexikon für Schleswig-Holstein und Lübeck 6*, 1982, S. 259; Albert Mayer-Reinach, *Zur Geschichte der Königsberger Hofkapelle in den Jahren 1578–1720*, SIMG VI, 1904/05, S. 32–79; Reinhard Oppel, *Beiträge zur Geschichte der Ansbacher-Königsberger Hofkapelle unter Riccius*, SIMG XII, 1910/11, S. 1–12; Wilhelm Jensen, *Die hamburgische Kirche und ihre Geistlichen seit der Reformation*, Hamburg 1958, S. 47; Adolf Lang, *Kunst- und Kulturgeschichtliches aus den Ansbacher Wochengeldregistern (1470–1737)*, in: Jahrbuch des historischen Vereins für Mittelfranken 85, 1969/70, S. 31–76; PfB S.-A. 7, 2008, S. 418; Zedler 20, 1739, Sp. 865–867; Jöcher IV, Sp. 240–242; JöcherE IV, 1813, Sp. 1447; (Abraham Kriegel), *Nützliche Nachrichten von denen Bemühungen derer Gelehrten...*, Leipzig 1749/50, S. 599–605, 561f.; Hans-Joachim Schulze, *Johann Sebastian Bachs Kanonwidmungen*, BJ 1967, S. 82–92; ders., *Nachbemerkung*, BJ 1982, S. 128–130; Briefe JGW, S. 186, 189f., 211; Ehren-Pforte, S. 327f.; Otto Riemer, *Erhard Bodenschatz und sein Florilegium Portense*, Leipzig 1928, S. 113; Schmidt 1956, S. 37f.; LBB 3, S. 152f.; Dok I, S. 226f.; Dok II, S. 234, 269f., 306f., 388f., 376–378, 441–445; Dok III, S. 509f.

Vorläufer: Georg Künstel

WL, S. 348f., 450; Hans Mersmann, *Beiträge zur Ansbacher Musikgeschichte (bis zum Tode des Markgrafen Georg Friedrich 1703)*, Leipzig 1916, S. 6–14; Curt Sachs, *Die Ansbacher Hofkapelle unter Markgraf Johann Friedrich (1672–1686)*, SIMG XI, 1909/10, S. 105–117, bes. S. 124–129, 134; SIMG IX, 1907/08, S. 364 (Alfred Einstein); ZfMw 5, 1922/23, S. 373 (Peter Epstein); AfMw IV, 1922, S. 176, 182 (Adam Soltys); AfMw VII, 1925, S. 70f. (Elisabeth Noack); Walther Pfeilsticker, *Neues Württembergisches Dienerbuch 1*, Stuttgart 1957, § 890; Rainer Hambrecht, *Der Hof Herzog Albrechts III. von Sachsen-Coburg (1680–1699) – eine Barockresidenz zwischen Franken und Thüringen*, in: Jürgen John (Hrsg.), Kleinstaaten und Kultur in Thüringen vom 16. bis 20. Jahrhundert, Weimar · Köln · Wien 1996, S. 161-185, bes. S. 179; Winfried Richter, *Die Gottorfer Hofmusik. Studie zur Musikkultur eines absolutistischen Hofstaates im 17. Jahrhun-*

dert, Dissertation, Kiel 1986, S. 350b, 476f.; Briefe JGW, S. 80, 224; JbMBM 2001, S. 144f. (Peter Wollny); *Johann Löhner, Die triumphirende Treu. Sing-Spiel. Nach den Quellen rekonstruiert und hrsg. von Werner Braun*, Wiesbaden 1984 (Denkmäler der Tonkunst in Bayern. Neue Folge. Bd. 6.), S. XXXI, XXXV, XLIX; Schmidt 1956, S. 47, 52, 53, 55–57, 58f., 60, 64; Arno Paduch, *Johann Rosenmüller und die Schätze des Ansbacher Inventars*, AlmBw 2009, S. 74ff.; Friedhelm Krummacher, *Die Überlieferung der Choralbearbeitungen in der frühen evangelischen Kantate*, Berlin 1965, S. 164, 167, 272–279, 340f., 419; Werner Braun, *Georg Künstel und die Passionslibretti in Römhild um 1700*, in: Passion, Affekt und Leidenschaft in der frühen Neuzeit, Bd. 2, hrsg. von Johann Anselm Steiger (et al.), Wiesbaden 2005, S. 639–653; *Georg Friedrich Händel –Ein Lebensinhalt. Gedenkschrift für Bernd Baselt (1934–1993)*, Halle/S. 1995, S. 432 (ders.); Hans Rudolf Jung, *Thematischer Katalog der Musikaliensammlung Großfahner/Eschenbergen in Thüringen*, Kassel etc. 2001, S. 126f., 263; JbMBM 2000, S. 56, 72f. (Rainer Kaiser); Richard Schaal, *Die Musikhandschriften des Ansbacher Inventars von 1686*, Wilhelmshaven 1966 (Quellen-Kataloge zur Musikgeschichte. 1.), S. 57; Peter Wollny, *Materialien zur Schweinfurter Musikpflege im 17. Jahrhundert. Von 1592 bis zum Tod Georg Christoph Bachs (1642–1697)*, in: Schütz-Jahrbuch 19, 1997, S. 113–163; ders., *Alte Bach-Funde*, BJ 1998, S. 137–148; ders., *Geistliche Musik der Vorfahren Johann Sebastian Bachs. Das »Altbachische Archiv«*, JbSIM 2002, S. 41–59; Elisabeth Quast, *Ein unbequemer Mitarbeiter. Johann Wolfgang Künstel, Chemiker und Arzt*, in: »Aus Gottes Wort und eigener Erfahrung gezeiget.« Erfahrung – Glauben, Erkennen und Gestalten im Pietismus, hrsg. von Christian Soboth (et al.), Halle/S. 2012, S. 735–751; Karl Müller / Fritz Wiegand, *Arnstädter Bachbuch. Johann Sebastian Bach und seine Verwandten in Arnstadt, Zweite, verbesserte und erweiterte Auflage*, Arnstadt 1957, S. 53–56, 98, 146f., 152, 153, 156; BJ 1908, S. 140 (Richard Buchmayer); AfMw I, 1918/19, S. 185 (Georg Schünemann); NV, S. 83–85; BJ 1995, S. 157, 173 (Elias N. Kulukundis); Dok III, S. 502f.; *Miscellanea Saxonica* XIII, Dresden 1779, S. 299f.

Aufsteiger: Johann Georg Pisendel

Albrecht Treuheit, *Johann Georg Pisendel (1687–1755). Geiger – Konzertmeister – Komponist. Dokumentationen seines Lebens, seines Wirkens und Umgangs und seines Werkes,* Cadolzburg 1987, bes. S. 38f.; Kai Köpp, *Johann Georg Pisendel (1687–1755) und die Anfänge der neuzeitlichen Orchesterleitung,* Tutzing 2005; Ortrun Landmann / Hans-Günter Ottenberg (Hrsg.), *Johann Georg Pisendel – Studien zu Leben und Werk. Bericht über das Internationale Symposium vom 23. bis 25. Mai 2005 in Dresden,* Hildesheim • Zürich • New York 2010; Gerhard Poppe (et al., Hrsg.), *Schranck No: II. Das erhaltene Instrumentalmusikrepertoire der Dresdner Hofkapelle aus den ersten beiden Dritteln des 18. Jahrhunderts,* Beeskow 2011, S. 32–38; Hans-Joachim Schulze, *Telemann – Pisendel – Bach. Zu einem unbekannten Bach-Autograph,* in: Die Bedeutung Georg Philipp Telemanns für die Entwicklung der europäischen Musikkultur im 18. Jahrhundert. Bericht über die Internationale Wiss. Konferenz anläßlich der Georg-Philipp-Telemann-Ehrung der DDR, Magdeburg 12. bis 18. März 1981, Teil 2, Magdeburg 1983, S. 73–77; ders., *Pisendel – Köthen – Bach,* in: Cöthener Bach-Hefte 14 (im Druck); ders., *Pisendel – Leipzig – Bach. Einige biographische Anmerkungen,* in: Johann Georg Pisendel – Studien zu Leben und Werk (s. o.), S. 521–549; Briefe JGW, S. 206f.; Briefe GPT, S. 347–363, 371, 395f.; Dok II; Dok III; Schmidt 1956, S. 73f., 76; WL, S. 99, 483; Thurston Dart, »Bach's Fiauti d'Echo«, in: Music & Letters 41, 1960, S. 331–341; Armin Fett, *Musikgeschichte der Stadt Gotha. Von den Anfängen bis zum Tode Gottfried Heinrich Stölzels (1749),* Dissertation, Freiburg i. B., 1951, S. 256; Claus Oefner, *Das Musikleben in Eisenach 1650–1750,* Dissertation, Halle/S. 1975, S. 112f.; Christian Ahrens, »Zu Gotha ist eine gute Kapelle...«. *Aus dem Innenleben einer thüringischen Hofkapelle des 18. Jahrhunderts,* Stuttgart 2009, S. 104f.; Friedrich Smend, *Bach in Köthen,* Berlin [1951], S. 154; Walther Pfeilsticker, *Neues Württembergisches Dienerbuch* 1, Stuttgart 1957, § 914.

Heimkehrer: Johann Matthias Gesner

Aus der Geschichte der Thomasschule in alter und neuer Zeit. Festschrift zum 725jährigen Schuljubiläum, Leipzig 1937, S. 53–61; Schreibmüller, S. 40f.; Werner Bürger / Johannes Schwinn, *Johann Matthias Gesner (1691–1761). Seine Beziehungen zu Ansbach und J. S. Bach*, AlmBw 1991, S. 123–130; Briefe JGW, S. 73, 75, 85f., 138, 148; ADB; NDB; Werner Deetjen, *Johann Matthias Gesner und die Weimarer Bibliothek*, in: Festschrift Armin Tille zum 60. Geburtstag, Weimar 1930, S. 234–251; Otto Kaemmel, *Geschichte des Leipziger Schulwesens*, Leipzig 1909; Otto Francke, *Geschichte des Wilhelm-Ernst-Gymnasiums in Weimar*, Weimar 1916, S. 35–38; Michael Maul, *Ein Weimarer Stammbuch und Bachs Kanon BWV 1073*, in: Hellmut Th. Seemann / Thorsten Valk (Hrsg.), Übertönte Geschichte. Musikkultur in Weimar, Göttingen 2011, S. 221–233; Reinhold Friedrich, *Johann Matthias Gesner, sein Leben und sein Werk*, Roth 1991 (Rother Miniaturen. 2.); BJ 2010, S. 158–160 (Michael Maul); Dok VII, S. 159f.; *Thüringer Pfarrerbuch. Bd 1: Herzogtum Gotha*, Neustadt/Aisch 1995, S. 213; Dok II; Dok III; Dok V; Michael Maul, *»Dero berühmbter Chor«. Die Leipziger Thomasschule und ihre Kantoren (1212–1804)*, Leipzig 2012, S. 233–242; Klaus Hofmann, *»Wo sind meine Wunderwerke« – eine verschollene Thomasschulkantate Johann Sebastian Bachs?*, BJ 1988, S. 211–218; NBA I/39 Krit. Bericht (Werner Neumann, 1977), S. 17, 43.

Abtrünniger: Johann Philipp Weichardt

WL, S. 340, 344, 403, 646; Taufbuch Bösleben, Bd. II, S. 18; Dok II, S. 62f., 65f., 195f.; *Johann Sebastian Bach in Thüringen. Festgabe zum Gedenkjahr 1950*, Weimar 1950, S. 93, 96 (Reinhold Jauernig); Hans Rudolf Jung, *Johann Sebastian Bach in Weimar 1708 bis 1717*, Weimar 1985, S. 42, 72; Carl Willnau [Carl Wilhelm Naumann], *Musikantenakten aus Weimars Zopfzeit*, in: Die Musik, Jg. XX Heft 11, 1928, S. 814–817; Otto Francke, *Geschichte des Wilhelm-Ernst-Gymnasiums in Weimar*, Weimar 1916, S. 30, 31f.; Herzogin Anna Amalia Bibliothek Weimar, *Huldigungsschriften C 123, D 9*; Georg Mentz, *Weimarische Staats- und Regentengeschichte vom*

Westfälischen Frieden bis zum Regierungsantritt Carl Augusts, Jena 1936, S. 21; Briefe JGW, S. 100, 176, 178; Schmidt 1956, S. 76f.; Stadtarchiv Ansbach, Ansbachische Beamtenkartei (Kopie nach dem Original im Staatsarchiv Nürnberg), Abschrift der Taufbücher St. Johannis 1700–1800, Duplikat-Kirchenbuch: Beerdigungen 1706ff.; AlmBw 1989, S. 81–84 (Werner Bürger); [Felix von Bomhard], *Stammtafel der Familie von Bomhard*, München 1926, S. 6f.; Landesarchiv Baden-Württemberg – Staatsarchiv Wertheim, *StAWt-R NL 15, Nr. 293*; Armin M. Kuhmigk, *Geschichte der Stadt Weilburg 881–1971*, Weilburg [1973], S. 99; Wolfgang Schoppet, *Weilburg an der Lahn. Lexikon zur Stadtgeschichte*, Limburg-Weilburg 1997, S. 464.

Weltverbesserer: Lorenz Christoph Mizler

Ehren-Pforte, S. 228–234, 420–426, Anh. S 33, 44; Franz Wöhlke, *Lorenz Christoph Mizler. Ein Beitrag zur musikalischen Gelehrten-Geschichte des 18. Jahrhunderts*, Würzburg 1940; Briefe GPT; Briefe JGW; Briefe LCM; Dok II; Dok III; Dok V; Dok VI; Dok VII; Hans-Joachim Schulze, *Lorenz Mizlers »Societät der musikalischen Wissenschaften in Deutschland«*, in: Detlef Döring / Kurt Nowak (Hrsg.), Gelehrte Gesellschaften im mitteldeutschen Raum (1650–1820), Teil III, Stuttgart/Leipzig 2002, S. 101–111; ders., *Lorenz Christoph Mizler – Versuch einer Restitution des Studienfaches Musik*, in: Eszter Fontana (et al., Hrsg.), 600 Jahre Musik an der Universität Leipzig. Studien anläßlich des Jubiläums, Wettin 2010, S. 101–110; Lutz Felbick, *Lorenz Christoph Mizler de Kolof. Schüler Bachs und pythagoreischer »Apostel der Wolffischen Philosophie«*, Hildesheim • Zürich • New York 2012; *Musikalische Bibliothek I/1–IV/1*, Leipzig 1736–1754; Vocke I, S. 189, 252f., 272, 372. – Für mancherlei erhellende Gespräche, insbesondere zur Frage des akademischen Zuwahlverfahrens, danke ich Lutz Felbick (Aachen).

Unglücksrabe: Maximilian Nagel

BJ 1907, S. 47 (Bernhard Friedrich Richter); *Zeitschrift für evangelische Kirchenmusik* 8, 1930, S. 285f. (Hans Löffler); Werner Braun, *Die Brüder Nagel und das Collegium musicum J. S. Bachs*, in: Walther Vetter (et al., Hrsg.), Festschrift Max Schneider zum achtzigsten Geburtstage, Leipzig 1955, S. 167–171; JöcherE Bd. V, Bremen 1816, Sp. 351; Hermann Harrassowitz, *Geschichte der Kirchenmusik an St. Lorenz in Nürnberg*, Nürnberg 1973, S. 120, 122; Dok I, S. 88, 89; Dok II, S. 275, 464f.; Dok III, S. 12, 118; AlmBw 1989, S. 81–84 (Werner Bürger); Martin Petzoldt, *Zum Verhältnis Friedrich Nietzsches zu Johann Sebastian Bach – Nietzsches Urgroßvater Alumnus der Thomasschule und Präfekt unter Bach*, BJ 2007, S. 229–242.

Gründervater: Georg Heinrich Bümler

Musikalische Bibliothek, Bd. IV/1, 1754, S. 134–140; WL, S. 117, 513; Schmidt 1956, S. 74–76, 78–80; Dok II, S. 247f., 513; Kai Köpp, *Johann Georg Pisendel...*, Tutzing 2005, S. 48; Ehren-Pforte, S. 161, 231; Briefe JGW, S. 176, 180, 201f., 204; Briefe LCM, S. 98, 100, 106; Schmidt 1933, Bd. I, S. 65; NV, S. 98; Robin A. Leaver, *Überlegungen zur »Bildniß-Sammlung« im Nachlaß von C. P. E. Bach*, BJ 2007, S. 105–138, bes. S. 137; *Carl Philipp Emanuel Bach, Portrait Collection I. Catalogue. Ed. by Annette Richards. Appendices ed. by Paul Corneilson*, Los Altos/CA 2012 (Carl Philipp Emanuel Bach. The Complete Works. Series VIII.), Vol. 4.1, S. 53f., Vol. 4.2, S. 45; Stadtarchiv Ansbach, Ansbachische Beamtenkartei (Kopie nach dem Original im Staatsarchiv Nürnberg); Bernhard Engelke, *Johann Friedrich Fasch. Sein Leben und seine Tätigkeit als Vokalkomponist*, Dissertation, Leipzig 1908 (Druck Halle/S. 1908), S. 63, 67–69, 73–75; *Concert-Stube des Zerbster Schlosses. Inventarverzeichis, aufgestellt im März 1743* [Faksimile, verkleinert], hrsg. von der Kultur- und Forschungsstätte Michaelstein, [Blankenburg/H.] 1983.

Unterbeschäftigter: Johann Georg Voigt d. J.
WL, S. 640; Forkel, S. 44; Dok VII, S. 56; Werner Wolffheim, *Mitteilungen zur Geschichte der Hofmusik in Celle (1635–1706) und über Arnold M. Brunckhorst*, in: Festschrift zum 90. Geburtstage... des... Rochus Freiherrn von Liliencron, Leipzig 1910, S. 421–439, bes. S. 428; *Zeitschrift für evangelische Kirchenmusik* 7, 1929, S. 237f. (Hans Löffler); Schmidt 1933, Bd. I, S. 37, 124; Georg Linnemann, *Celler Musikgeschichte bis zum Beginn des 19. Jahrhunderts*, Celle 1935, S. 55f., 61, 75, 159, 160; Schmidt 1956, S. 74, 76, 77, 78, 81, 82; Harald Müller, *Ulrich Johann Voigt 1669–1732. Stadtmusikus zu Celle und Lüneburg*, Celle 1985; ders., *Biographisch-bibliographisches Lexikon Celler Musiker*, Celle 2003, S. 277; Dok III, S. 10, 289; Matthias Simon, *Ansbachisches Pfarrerbuch*, Nürnberg 1957, S. 353, 527; Egert Pöhlmann, *Die Quellen für Johann Christoph Wieglebs Stiftskirchenorgel von 1738 in Ansbach-St. Gumbertus*, AlmBw 1989, S. 85–102; Konrad Kreßel, *250 Jahre barocke Kirche St. Gumbertus. Eine fränkische Hofkirche der Bachzeit*, AlmBw 1989, S. 103–110; Mitteilung des Evang.-luth. Kirchenbuchamts Celle, 2.11.1965; Stadtarchiv Ansbach, Abschrift der Taufbücher St. Johannis 1700–1800.

Musikrätsel II: Die Ansbach-Kantate

Übernommen aus: Hans-Joachim Schulze, *Rätselhafte Auftragswerke Johann Sebastian Bachs. Anmerkungen zu einigen Kantatentexten*, BJ 2010, S. 69–93, hier S. 79–93; teilweise gekürzt sowie um personengeschichtliche Daten ergänzt. Quellen: Stadtarchiv Ansbach, Abschrift der Taufbücher St. Johannis 1700–1800; Duplikat-Kirchenbücher (Trauungen 1742ff., Beerdigungen 1706ff.); Matthias Simon, *Ansbachisches Pfarrerbuch*, Nürnberg 1957, S. 67, 481, 527. – Luigi Ansbacher, *Sulla cantata profana No. 209 »Non sa che sia dolore« di G. S. Bach. Bach librettista italiano?*, in: Karl Matthaei (Hrsg.), Bach-Gedenkschrift 1950, Zürich 1950, S. 163–177; Klaus Hofmann, *Alte und neue Überlegungen zu der Kantate »Non sa che sia dolore« BWV 209*, BJ 1990, S. 7–25; Rashid-S[ascha] Pegah, *»... welches ich auch alles gesehen«. Ein fränkischer Adliger und Bachs Geburts-*

tagskantate für August den Starken aus dem Jahr 1727 (BWV Anh. 9 / BC G 14), BJ 2010, S. 280–282.

Epilog: Parerga und Zeitsprung

Heinrich Miesner, *Beziehungen zwischen den Familien Stahl und Bach*, BJ 1933, S. 71–76; Michael Maul, *»Dein Ruhm wird wie ein Demantstein, ja wie ein fester Stahl beständig sein«. Neues über die Beziehungen zwischen den Familien Stahl und Bach*, BJ 2001, S. 7–22; Vocke, Bd. II, S, 246ff.; NBA V/10, S. 162; Schmidt 1956, S. 92; Adelheid Krause-Pichler, *Jakob Friedrich Kleinknecht 1722–1794. Ein Komponist zwischen Barock und Klassik*, Weißenborn 1991, S. 48, 57; Mattthias Schneider (Hrsg.), *Bach in Greifswald. Zur Geschichte der Greifswalder Bachwoche 1946–1996*, Frankfurt a. M. 1996; *25 Jahre Bachwoche Ansbach* (AlmBw 1973).

Personenregister

A

Achenwall, Gottfried (1719–1772) 158
Agricola, Johann Friedrich (1720–1774) 71, 113
Agricola, Johann Paul (nw. 1681–1687) 48
Albinoni, Tomaso (1671–1750) 60
Albrecht Friedrich, Herzog von Preußen (1553–1618) 35
Albrecht III., Herzog von Sachsen-Coburg (1648–1699) 46, 50f.
Alt, Christoph († 1715) 90
Altnickol, Johann Christoph (1719–1759) 163
Anna Amalia, Herzogin von Sachsen-Weimar-Eisenach (1739–1807)
    166, 168
Arnschwang, Johann Joseph († vor 1744) 147
Arzt, Hans Conrad († 1747) 97, 131, 133

B

Bach, Anna Carolina Philippina (1747–1804) 172
Bach, Anna Magdalena geb. Wilcke (1701–1760) 87, 171, 172, 173
Bach, Carl Philipp Emanuel (1714–1788) 19, 23, 41, 43, 54, 69, 111, 141,
    142, 143, 145, 146, 171f., 173
Bach, Georg Christoph (1642–1697) 20, 41, 42f.
Bach, Heinrich (1615–1692) 20, 43
Bach, Johann (1604–1673) 20
Bach, Johann Ambrosius (1645–1694) 20, 44
Bach, Johann Andreas (1713–1779) 22
Bach, Johann August (1745–1789) 172
Bach, Johann August Abraham (1733) 85
Bach, Johann Christoph (1642–1703) 20, 41, 43, 44, 53, 54, 55
Bach, Johann Christoph (1645–1693) 44
Bach, Johann Christoph (1671–1721) 22

Mocchi, Giovanni Battista (1620–1688) 49
Mozart, Wolfgang Amadeus (1756–1791) 90, 176
Müller, August Friedrich (1684–1761) 105, 106
Müller, Johann Christoph (1687–1749) 103
Müller, Johann Jacob (nw. 1728) 148

N
Nagel, Johann (1675–1735) 122, 123
Nagel, Johann Andreas Michael (1710–1788) 123–125, 129, 130, 132
Nagel, Maximilian [d. Ä.] (1712–1748) 100, 122ff.
Nagel, Maximilian [d. J.] (1747–1772) 132
Nagel, Peter (nw. 1675) 123
Niefer, Christiana Friederika s. Beck
Niefer, Gottfried Immanuel († 1742) 162
Nietzsche, Friedrich (1844–1900) 127
Nitsche, Gotthelf Engelbert (1714–1804) 127

O
Oeder, Georg Ludwig (1694–1760) 103
Österreich, Georg (1664–1735) 47f., 50
Osterwald, Johann Friedrich (1711–1778) 150
Osthoff, Wolfgang (1927–2008) 155

P
Pachelbel, Johann (1653–1706) 20
Pachelbel, Wilhelm Hieronymus (1686–1764) 28
Pfeiffer, Johann Gottlob (1667–1740) 105
Pflaum, Johann Christoph (nw. 1724) 22
Pflaum, Johann Jacob (1724–1788) 21f.
Philipp Wilhelm, Graf von Pfalz-Neuburg, Kurfürst der Pfalz
    (1615–1690) 49

Widmarkter, Margaretha Barbara s. Lyncker
Wieder, Albrecht Ernst († 1748) 96, 131, 133
Wiegleb, Johann Christoph (1690–1749) 149, 150
Wilcke, Anna Magdalena s. Bach
Wilhelm Ernst, Herzog von Sachsen-Weimar (1662–1728) 78, 81, 90,
    92, 94, 96
Wilhelm Friedrich, Markgraf von Brandenburg-Ansbach
    (1685–1723) 59, 74, 98, 99, 100, 137
Wilhelm Heinrich, Herzog von Sachsen-Eisenach (1691–1741) 59f.
Wilhelm VIII., Landgraf von Hessen-Kassel (1682–1760) 76
Wilhelmine Caroline, Prinzessin von Brandenburg-Ansbach
    (1683–1737) 74
Will, Georg Andreas (1727–1798) 124
Windheim, Christian Ernst von (1722–1766) 124
Wippler, Johannes (nw. 1714) 90
Wolff, Christian (1679–1754) 109
Wolle, Christoph (1700–1761) 105
Wollny, Peter (* 1961) 43
Wüstendörffer, Michael (nw. 1707/19; 1723?) 93

Z
Zedler, Johann Heinrich (1706–1751) 91, 102
Zelter, Karl Friedrich (1758–1832) 71
Zimmermann, Amylia Johanna Justina geb. Eberhardt (* 1693) 96
Zimmermann, Gottfried († 1741) 129
Zimmermann, Johann Georg (nw. 1718) 174
Zoller, Friedrich Gottlob (1717–1782) 159
Zuckermantel, Johann (1678–1741) 73
Zuckermantel, Johann Wilhelm (1712–1760) 73
Zuckermantel, Maria Magdalena verw. Gesner geb. Hußwedel s.
    Gesner

Ortsregister (Zu S. 19-179)

Abbildungsnachweise

Seite 13:
J. S. Bach, Kantate BWV 209 »Non sa che sia dolore«, Partitur-
Abschrift um 1770/75, Niederschrift des Textes von der Hand
Johann Nikolaus Forkels.
Staatsbibliothek zu Berlin, Musikabteilung mit Mendelssohn-Archiv,
Mus. ms. Bach P 135.

Seite 25:
Lorenz Christoph Mizler, Brief an Meinrad Spieß im Kloster Irsee,
Kon´skie, 3. 2. 1749, vorletzte Seite.
Staatsarchiv Augsburg, Bestand *Reichsstift Irsee, Nr. MüB 167, fol. 43v*

Seite 26:
Titel Clavier-Übung (Teil IV: Goldberg-Variationen BWV 988).
Gedruckt um 1742/45 im Nürnberger Verlag Balthasar Schmid.
Leipziger Städtische Bibliotheken - Musikbibliothek Peters

Seiten 38–39:
Teodoro Riccio, Widmungskanon für Christoph Schellhammer,
Ansbach, 27. 4. 1597.
Johann Sebastian Bach, Auflösung des Rätselkanons von Teodoro
Riccio.
Niedersächsisches Staatsarchiv Oldenburg, Handschriften-Abteilung,
Bestand 297 J, Stammbuch Nr. 25, Bl. 315 und 315a.

Seite 42:
Georg Christoph Bach, Vokalkonzert »Siehe, wie fein und lieblich
ist«, Titelseite, autograph.
Bibliothek der Sing-Akademie zu Berlin (Depositum in der Staatsbib-

liothek zu Berlin, Musikabteilung mit Mendelssohn-Archiv),
SA 5163 (Provenienz: Alt-Bachisches Archiv).

Seite 47:
Johann Christoph Halbmeyer, Verzeichnis der im Bestand der Hofka-
pelle vorhandenen Werke Johann Michael Bachs, Ansbach 1686.
Staatsarchiv Nürnberg, *Rep. 103a III: Geh. Registratur, Bamberger Zugang
1949, Nr. 71 (Hochfürstl. Brandenburgisch-Onolzbachisches Inventarium
De Anno 1686)*, fol. 1017.

Seite 54:
Johann Christoph oder Johann Michael Bach, Konzert »Es erhub sich
ein Streit«, Partitur.
Bibliothek der Sing-Akademie zu Berlin (Depositum in der Staatsbib-
liothek zu Berlin, Musikabteilung mit Mendelssohn-Archiv),
SA 5166 (Provenienz: Alt-Bachisches Archiv).

Seite 61:
Johann Georg Pisendel, Zeichnung von [Johann Heinrich Christian?]
Franke.
Staatsbibliothek zu Berlin, Musikabteilung mit Mendelssohn-Archiv,
Mus. P. Pisendel, Joh. Georg I,1

Seite 62:
Georg Philipp Telemann, Konzert G-Dur für zwei Violinen, Streicher
und Basso continuo TWV 55 2 V G(1), Abschrift von der Hand
Johann Sebastian Bachs, Stimme Violino Concertino 2, S. 1.
Sächsische Landesbibliothek – Staats- und Universitätsbibliothek
(SLUB), Deutsche Fotothek, Dresden, *SLUB Dresden/Mus.2392-O-35a*

Seite 68:
Johann Georg Pisendel, Brief an Georg Philipp Telemann, Dresden,

26. 3. 1751, vorletzte Seite.
Tartu Riikliku Ülikooli Teaduslik Raamatukogu, Toonemägi, Tartu,
Mrg. CCCIVa, Vol. V, fol. 255r.

Seite 72:
Johann Matthias Gesner, Porträt von Nikolaus Eberlein.
Universität Göttingen

Seite 86:
Kantate »Wo sind meine Wunderwerke«, Leipzig, 4. 10. 1734, Text-
druck, Titelseite.
Niedersächsische Staats- und Universitätsbibliothek Göttingen, 20
Poet. Germ. I,6425:4 Rara, Gelegenheitsgedichte 1735-1759, Nr. 69.

Seite 109:
Lorenz Christoph Mizler, *Dissertatio Quod Musica ars sit Pars Eruditionis
Philosophicae,* Widmung, Leipzig, 30. 6. 1734.
Sächsische Landesbibliothek – Staats- und Universitätsbibliothek
Dresden (SLUB), *MB.8.416, S. 3, Foto: SLUB Dresden/Deutsche Fotothek*

Seite 112:
Lorenz Mizler, *Musikalische Bibliothek. Erster Band.* Gesamttitel für die
1736–1738 erschienenen Teile 1 bis 6.
Bayerische Staatsbibliothek München

Seite 117:
Lorenz Christoph Mizler, Ode »Lob der Musik: Du edle Tonkunst,
meine Lust« in: *Sammlung auserlesener moralischer Oden Zum Nutzen
und Vergnügen Der Liebhaber des Claviers componirt und herausgegeben
von Lorenz Mizler, A: M..* Leipzig o. J. [1740]. (Faksimile, Leipzig
1972).

Seite 125:
Maximilian Nagel, Eintragung in die Alumnenmatrikel,
Leipzig, 12. 5. 1732.
Stadtarchiv Leipzig, *Thomasschule Nr. 483 (Matrikel 1730–1800)*,
Bl. 34r = S. 65.

Seite 132:
Lorenz Mizler, *Musikalische Bibliothek. Des dritten Bandes Zweyter Theil*,
Leipzig 1746, S. 366–367.
Bayerische Staatsbibliothek München

Seite 139:
Georg Heinrich Bümler, Kupferstich von Johann Christoph Sysang
nach Johann Christian Sperling.
Universitätsbibliothek Leipzig, PSL; Inv.-Nr. 7/160

Seite 145:
Brief Carl Philipp Emanuel Bachs an Johann Nikolaus Forkel in
Göttingen, Hamburg, 13. 1. 1775, vorletzte Seite.
Privatsammlung (Depositum im Bach-Archiv Leipzig), Wiedergabe
nach: Bach-Urkunden, hrsg. von Max Schneider, Leipzig 1917.

Seite 146:
Johann Georg Voigt d. J., Schreiben an das Markgräfliche Konsistori-
um, Ansbach, 9. 12. 1751.
Landeskirchliches Archiv der Evang.-Luth. Landeskirche in Bayern,
Bestand Markgräfliches Konsistorium Ansbach, N. 54, Produkt 31, Seite 2.

Seite 154:
Madrigal »Non sà che sia dolore« aus: *Madrigali Di Luzzasco Luzzaschi,
per cantare et sonare*, Rom 1601 (Wiedergabe nach Faksimile,
Florenz 1980).

Seite 161:
J. S. Bach, Kantate BWV 209 »Non sa che sia dolore«, Partitur-
Abschrift um 1770/75, Satz 4 und Anfang von Satz 5.
Staatsbibliothek zu Berlin, Musikabteilung mit Mendelssohn-Archiv,
Mus. ms. Bach P 135.

Seite 174:
J. S. Bach, Kantate BWV 210 »O holder Tag, erwünschte Zeit«. Auto-
graphes Particell für Soprano und Basso continuo. Schluß von Satz
9 sowie Beginn von Satz 10.
Staatsbibliothek zu Berlin, Musikabteilung mit Mendelssohn-Archiv,
Mus. ms. Bach St 76.

Übrige Abbildungen:
Bach-Archiv Leipzig (Johann Gottfried Walther, *Musicalisches Lexicon*,
Leipzig 1732, zu S. 79, 91, 104, 135; L. C. Mizler, *Musikalische Biblio-
thek*) bzw. Archiv der Bachwoche Ansbach.